新时代村级治理研究

皮业林　主编

首批全国优秀出版社

中国农业出版社
农村读物出版社

北　京

图书在版编目（CIP）数据

新时代村级治理研究 / 皮业林主编. —北京：中
国农业出版社，2025.1
　　ISBN 978-7-109-30523-6

　　Ⅰ. ①新… Ⅱ. ①皮… Ⅲ. ①农村-群众自治-研究
-中国 Ⅳ. ①D638

中国国家版本馆 CIP 数据核字（2023）第 048105 号

中国农业出版社出版

地址：北京市朝阳区麦子店街 18 号楼
邮编：100125
责任编辑：周益平　　文字编辑：李海锋
版式设计：王　晨　　责任校对：吴丽婷
印刷：北京中兴印刷有限公司
版次：2025 年 1 月第 1 版
印次：2025 年 1 月北京第 1 次印刷
发行：新华书店北京发行所
开本：700mm×1000mm　1/16
印张：8.75
字数：170 千字
定价：58.00 元

编 写 人 员

主　编：皮业林
参　编：刘学文　彭新德　冯志永　谢培庚
　　　　余朝晖　罗有良　易　春　贺　艺

　　我国是传统农业大国，农耕文明历史悠久，文化底蕴深厚。传统中国乡村社会治理是建立在农业文明基础之上的，服从皇权统治需要针对乡村熟人社会的控制和管理。新中国成立后，经过土地改革、人民公社等对乡村社会的改造，农民成为国家主人，参与政治生活。人民公社时期农村基层治理形成了"三级所有、队为基础"的体制，农民高度组织化，国家对乡村社会实施全方位管理。

　　党的十一届三中全会后，农村开始实行家庭联产承包责任制，农民回归"原子"状态。为有效管理乡村社会，我国于20世纪80年代建立了"乡政村治"体制。这种体制促进了我国乡村社会的治理，是乡村社会治理体制创新的一项伟大成果。"乡政"以国家强制力为后盾，具有高度的行政性和一定的集权性；乡镇是国家最基层的政权机构，体现的是国家政权；依据《村民委员会组织法》的有关规定，"村治"以村规民约、村民意见为后盾，具有高度自治性和一定民主性，由村自主处理关系到自己利益的社会事务，体现的是村民自治。村是乡镇政权之下相对独立的社会空间，是乡村社会治理的基本单位。

　　"乡政村治"体制存在着两个相对独立的权力，即自上而下的乡镇人民政府行政管理权和村民自治权。自从"乡政村治"体制形成以来，关于这种体制有关问题的争议就没有停止过，特别是在村级层面治理过程中，这两个权力相互交割、错综混合，冲突里有合作，合作里有冲突。村作为乡村社会治理的基本单位，是行政权和村民自治权利益主体相统一的交汇点，因此，在"乡政村治"体制的权力结构内，加强村级治理研究，根据乡村社会发展的阶段性特征，作出相应制度安排，实现国家利益和村民利益有机统一和乡村社会稳定，是"乡政村治"体制的核心问题。

本书针对村级治理存在的问题和面临的困境，在深入调查研究的基础上，从研究传统中国村级治理入手，分析乡村社会变革所表现的新特征、面临的新任务，归纳整理出村级治理事务，就构建村级治理体系和加强村级治理能力建设，提出方案和政策建议。本项研究既注重乡村治理理论研究，又突出村级治理操作实务，可供乡村基层干部学习借鉴。

乡村治理现代化前路漫漫，村级治理也需不断研究完善。本书研究成果是对已有研究成果的梳理汇总和研究完善，因水平有限和调查研究的系统性不够，错误和不足都在所难免，恳请读者批评指正！

目 录
C O N T E N T S

第一章
中国乡村治理历史演变

乡村既是一个历史概念，又是一个地域概念。乡村社会主要由乡村自然环境、人口、组织、制度、经济、文化等要素构成，这些要素间相互作用演绎着不同的治理模式，催生出不同的社会形态。纵观中国几千年的发展历程，乡村社会治理从封建专制的社会到半殖民地半封建的近代社会、再到独立民主法治的中国特色社会主义社会，随着生产力和社会文明的发展、国家和乡村民间权力系统对乡村社会调控的变化、国际势力影响的加深，推动着乡村治理从封建王朝的宗法治理、近代乡村自治革新和军阀混战时期的"乱政"及国民党时期的专制，从新中国人民公社时期的"政社合一"，到改革开放后的"乡政村治"和新时代的"三治"融合的演变。乡村治理演变过程中，不同时期不同的乡村地域构成要素的相互作用，产生了不同的治理方式和治理效果。新中国成立以来，乡村社会发生了翻天覆地的变化，进入新时代新的发展阶段，在推进国家治理体系和治理能力现代化建设的背景下，探索构建自治、法治、德治相结合的乡村治理体系，实现乡村有效治理，既是国家施政的要求，也是乡村居民对美好生活的向往，更是乡镇基层政府和村民自治组织的使命。本章利用文献梳理中国乡村治理历史演变，为探索和推进新时代有效的村级治理提供参考。

第一节　乡村与乡村社会

一、乡村的概念

人类社会的早期没有城、乡之说，乡村是随着城市的出现而产生的历史概念，是根据地理区位功能和人口聚集度将陆地划分为城市和乡村的二元地域概念。乡村的定义，在《辞源》中解释为主要从事农业、人口分布较城镇分散的地方。从地理学角度看，乡村是城市地域以外的经济、社会、文化和自然景观的陆地地域综合体。我国地理学家郭焕成认为，乡村也称为农村，由于我国产业结构和人口就业结构发生变化，农村不仅从事农业，而且还从事非农业，因此称乡村更合适。科学的乡村概念是以农业生产活动为主、由散布的多层次乡村居民点景观及周围的田园景观组合而成的非城市化区域。

世界上绝大多数国家都有城乡之分，但划分标准不尽相同。1955 年国务院颁布了城乡划分标准；1978 年改革开放以后，随着经济的发展，民政部门对设镇、设市的标准进行了相应调整；2008 年 7 月国务院批复了国家统计局等七部门关于《统计上划分城乡的规定》，对城乡划分标准进一步修正。城乡划分以行政区划为基础，以民政部门确认的居民委员会和村民委员会辖区为划分对象，以实际建设为划分依据，将我国的地域划分为城镇和乡村。实际建设是指已建成或在建的公共设施、居住设施和其他设施。城镇包括城区和镇区，城区是指在市辖区和不设区的市、区、市政府驻地的实际建设连接到的居民委员会和其他区域，镇区是指在城区以外的县人民政府驻地和其他镇政府驻地实际建设连接到的居民委员会和其他区域。与政府驻地的实际建设不连接，且常住人口在 3 000 人以上的独立的工矿区、开发区、科研单位、大专院校等特殊区域及农场、林场的场部驻地视为镇区。乡村是指划定的城镇以外的区域。随着工业化、城镇化发展以及特定功能区的设置，乡村地域范围处于动态变化中。

乡村地域功能可分为一般功能和特定功能。一般功能包括系统内循环功能和外部扩展功能。系统内循环功能主要通过农牧业和手工业物质生产、文化生产、人口繁衍、管理等途径予以实现，满足乡村地域系统内对物质和精神的需求，保障系统内的有序循环。外部扩展功能主要包括劳动力输出、生产生活物资交易、税赋等经济功能，自然生态环境和人文景观功能，人口再生功能。特定功能体现在农业产品供给、生态屏障、文化传承，特别是粮食生产。中国是一个乡村大国，也是一个人口大国，保障粮食供给关系到国家安全，保障粮食生产和有效供给是中国乡村地域的首要功能。

二、乡村社会

（一）乡村社会概念

乡村社会是指由一定的乡村地域空间并共享某种文化的人口以农业生产为主体的基础上相互交往共同活动形成的各种关系的有机系统。在特定乡村地域内的社会活动中，人与自然之间、人与人之间、人与团体或组织之间相互作用，形成了相对固定的各种关系，这些社会关系按照一定的模式组合起来就是该乡村社会结构。社会结构具有紧密结合性、层次性、动态平衡与相对稳定性等特征，乡村社会结构不断的动态平衡推进乡村社会的变迁，但社会结构动态平衡的实现绝对不是自动的、自发的，它需要通过控制人的活动来加以实现。

（二）乡村社会主要构成要素

1. 地域环境。乡村地域自然环境是环绕生物周围的各种自然因素的总和，如地理位置、地貌、水文、太阳辐射、气候、动植物物种、土壤耕地、岩石矿物等，这些是生物赖以生存的物质基础。不同乡村地域的自然环境因素及其结构形式是不同的，与其对应的自然环境也就不同。自然环境对乡村社会的影响是复杂的、多方面的，直接影响到农业生产、乡村经济、乡村居民生活的方式和质量、人口流动、文化传播、施政治理。

2. 人口。乡村人口是在一定时间和一定乡村地域内、与一定社会生产方式和社会关系相联系的人群的总称，其状况主要表现为人口数量与质量、人口结构和人口变动等。一定的人口状况会影响社会发展，同时人口状况又受到一定的社会结构、社会发展状况的制约。乡村人口数量是指一定乡村地域内人类个体的总和，由乡村居民和长期在乡村工作的非居民组成。凡是居住和生活在乡村的人就是乡村居民，乡村居民是构成乡村人口的主体，也是农业生产和乡村治理的主体。乡村人口质量是指一定乡村地域内社会成员的身体素质、智慧、文化、劳动能力、心理素质等因素的总和。乡村人口结构是指根据一定标准划分的一定地域乡村人口内部组合及比例关系，就其性质而言，可划分为自然构成、社会构成和地域构成三大类。乡村人口自然构成包括一定地域内乡村人口的年龄构成和性别构成两个方面；社会构成主要包括民族构成、受教育程度构成、阶级或阶层构成、职业构成等；乡村人口地域构成是指以一定地域乡村人口的空间分布状态和城乡分布状态为标识的人口构成。乡村人口变动是指一定地域乡村在一定时期内的人口数量、质量和构成的变动状况及过程。人口的数量变动分两种情况，一种是因人口出生和死亡而导致总人口增减的自然变动，另一种是人口在一个地域因人员流出或流入而导致数量增减的机械变动。人口质量变动表现在体质、智力、技能、职业变化等方面。

3. 文化。乡村文化是指一定乡村地域的人们在农业生产与生活实践中逐步形成并发展起来的道德情感、社会心理、风俗习惯、是非标准、行为方式、理想追求等非物质现象，表现为民俗民风、物质生活与行动章法等，以言传身教、潜移默化的方式影响着乡民，反映了乡民的处事原则、人生理想以及对社会的认知模式等，是乡民生活的主要组成部分，也是乡民赖以生存的精神依托。而根据文化的存在形式、作用、适应阶层可分为不同类型。按存在形式可分为物质文化（如农耕文化、饮食文化、建筑文化等）和非物质文化（如习俗、道德、法律、规范、信仰、知识、观念等），按文化作用可分为主文化（享有的人数占大多数或主政者支持的文化）和亚文化，按适应的社会阶层可分为精英文化（上层社会阶级所创造和共享的文化）和大众文化。乡村文化受主文化、精英文化或外来文化渗透而发展或消亡。乡村文化在乡村治理中发挥着重要作用。

4. 社会分层。 社会分层是指根据一定的社会标准把社会成员区分为高低有序的不同等级和层次的过程与现象。任何社会都存在分层，社会分层可透视社会结构，也是社会治理的重要理论依据。在古代，人类社会中即有贫富、贵贱、统治者及被统治者等级之分。传统社会分层以土地为中轴，又受政治权力的制约和家族声望的影响。马克思的阶级理论就是根据对生产资料的占有关系划分阶级。现代理论界的"层化论"提出了以职业分类为基础，以组织资源、经济资源和文化资源的占有状况为标准划分的当代社会阶层结构。

5. 社会组织。 乡村社会组织是指乡村中为完成特定的社会目标、执行特定的社会职能，并根据章程程序而进行活动的人群共同体。乡村社会组织是乡村社会从无序到有序发展的一种状态，是一定的乡村社会成员所采取的某种社会活动方式。乡村社会组织的状态关系到乡村社会乃至整个社会发展能否协调、稳定和有序的保障。按照从事基本活动的性质和社会功能对乡村社会组织分类，主要有政党组织、政府组织，以及家庭、宗族（家族）、村民委员会、经济组织、宗教组织等非政府组织。中国大陆乡村组织主要有中共乡镇党委、村党总支、党支部（属于政党组织）；乡政府是乡村社会最基层的政府组织，履行本行政区的行政职能；家庭、村民委员会、村经济组织等属于自我管理、自我服务、自我教育、自我建设的群众性自治组织。

6. 政治。 乡村政治是指中央和地方国家机关通过国家及地方法律法规和条例对乡村社会行为的引导和规范，以及乡村自治组织贯彻落实国家及地方制度的行为、过程与效果。不同时期国家及地方政权对乡村的户籍、组织、土地、赋税、公共产品供给等通过法律予以管理，实现对乡村的管控或治理。

7. 经济。 乡村经济包括乡村物质生产过程中的经济关系、经济活动规律及其应用和乡村居民在生产、分配、交换、消费活动中产生的各种经济社会关系。具体而言，乡村经济包括农产品生产与销售、农业可持续发展、生产生活物资供给消费、居民收入等。

（三）乡村社会的特点

现代乡村社会的主要特点有：①以传统的自然村落为基础，分布分散，很多村落缺少合理的规划和布局，适合现代发展的人居环境设施逐步得到改善。②社会结构简单，以家庭为中心，家庭观念、血缘观念比城市浓厚。③家庭聚合力下降。④村民现代社会行为规范程度不高。⑤农业生产对自然环境和自然条件的依赖性较大。农业从传统的生产型、生存型向经营型、发展型转变。⑥学校教育转向城镇。⑦乡村人口迁移量大，常住人口数量降低，劳动力向工业和服务业转移，农业生产力下降。⑧乡村经济多元化，从传统型、农业型向现代型、非农型转变。⑨耕地与环境保护、农业生产保障压力大。

第二节　乡村社会主要构成要素的变迁

一、乡村自然环境的变迁

中国乡村自然环境变迁随着国家的发展呈现明显的阶段性，从原生态到过度开发和污染，再到政策强制恢复和保护。

中国传统社会是一个自给自足的小农经济社会，城市数量少、规模小，没有大规模的矿业和工业，以乡村小农户农业生产和手工业生产为主体。农业生产力水平低，没有规模化开垦种植和养殖，耕地复种指数和产出率低。乡村人少地广、生活水平低，人们活动更多的是对自然的崇拜和依赖，一切顺应自然，对自然系统中的各构成要素影响较小，各要素间的关系多为量的变化，仅需通过数量的自然调节实现系统内自我平衡，平衡—不平衡—新平衡的周期短，拥有很好的自然资源和原生态的自然环境。

近代中国被西方列强打开了闭锁的国门，现代工业和商业进入，城市化发展加快，特别是帝国主义对我国矿产和森林资源的掠夺，对自然资源的消耗不断增加。随着耕地占用面积、矿产资源开发、化石能源应用以及城市垃圾产生等方面体量的增加，其对乡村的自然和人文地理环境的影响逐步呈现。例如，城市发展就对乡村地域空间和生态环境产生巨大影响，一是城市数量增加，截至1930年，人口在10万以上的城市已发展到80多个，比1923年增加了约30个；二是面积扩张，1933—1947年，上海市从527.51平方千米发展到893平方千米，天津市从89.06平方千米发展到185平方千米；三是薪炭传统能源消耗增加，对森林的损耗量相应增加；四是垃圾产生量递增，据上海市卫生局统计，1935年的垃圾总产量为423 426吨，1946年的总产量为861 727吨。

新中国成立以来，我国农业农村发生了翻天覆地的变化，取得历史性成就的同时也付出了环境代价。1949年新中国成立到1957年第一个五年计划，国家百废待兴，工业及农业发展都处于历史低位，这一时期主要任务是社会主义改造、恢复国民经济和建立基础骨干工业，对乡村自然环境破坏不明显。1958—1965年"大跃进"形势下"大办钢铁"和"大搞群众运动"等对自然环境造成严重损害，尤其是矿产资源滥挖滥采，树木砍伐使得森林资源锐减，虽然工业总产值有所增加，但农业总产值下降。1966—1976年是国民经济极速下滑且受到重创的时期，环境污染和生态破坏极为严重，例如，在"靠山、分散、进洞"方针指导下大量工厂进入深山峡谷，片面强调"以粮为纲"进行毁林、毁牧、围湖造田和搞人工平原等现象，导致农业农村生态环境恶化和耕地质量下降。1977—1994年，改革开放初期乡镇企业蓬勃发展，但"三废"

向农村地区转移；农业生产较为粗放，农药化肥的过度使用造成了大规模农业面源污染。例如，1984 年化肥施用强度 228 千克/公顷（首次超过世界设置 225 的安全上限）；有机氯农药对蔬菜、粮食等农业生产污染日益严重，1983 年国务院决定全面停止使用六六六、DDT 生产。1995—2001 年，在乡村呈现农村生活污染与农业生产污染叠加、乡镇企业污染和城市污染转移威胁共存的局面。1995 年《中国环境状况公报》指出"环境污染呈现由城市向农村急剧蔓延的趋势；全国 2/3 的河流和 1 000 多万公顷农田被污染"。2002—2012 年，农村处于工矿污染压力加大、生活污染加剧和畜禽养殖污染严重的状态，资源环境"红灯"约束已是农业农村发展面临的重要瓶颈。2002 年我国农药使用量为 131.1 万吨、化肥施用强度为 443 千克/公顷；2007 年《第一次全国污染源普查公报》显示，畜禽养殖业所产生的 COD〔化学需氧量是指在一定条件下，水中的还原性物质在外加的强氧化剂的作用下，被氧化分解时所消耗氧化剂的量〕和氨氮分别占农业源排放总量的 95.8％和 78.1％，占全国所有行业 COD 和氨氮排放量的 41.9％和 41.5％；2012 年我国农药使用量为 180.6 万吨、化肥施用强度为 528 千克/公顷。党的十八大以来，生态文明建设融入社会经济发展方方面面，加强农村环境保护也是大势所趋。2013 年中央 1 号文件提出"关于推进农村生态文明、建设美丽乡村的要求"，同年农业部出台了《关于开展"美丽乡村"创建活动的意见》；2014 年修订的《环境保护法》在农业污染源的监测预警、农村环境综合整治、防止农业面源污染和财政预算中安排农村环保资金等方面做出规定，为深化农业农村环境保护奠定了扎实基础，同年国务院出台了《关于改善农村人居环境的指导意见》；2015 年中央 1 号文件明确提出农业生态治理和全面推进农村人居环境整治，同年 4 月农业部发布的《关于打好农业面源污染防治攻坚战的实施意见》提出了"一控两减三基本"目标，11 月住房城乡建设部等部门发布了《关于全面推进农村垃圾治理的指导意见》；2017 年环境保护部、财政部联合印发《全国农村环境综合整治"十三五"规划》；2018 年中央、国务院印发了《农村人居环境整治三年行动方案》；2019 年中央 1 号文件提出"让农村成为农民安居乐业的美丽家园"。随着国家生态文明建设不断推进，乡村自然生态环境也得到极大改善。

二、乡村人口的变迁

中国传统社会及近代社会城市、工商业不发达，乡村人口占全国人口的 90％以上，受封建帝制政权更替、粮食等生活物资供给能力不足、疾病防治防控和抵御自然灾害能力弱以及战争等因素的影响，人口数量增长波动大。自公元前 221 年秦始皇统一六国至 1655 年（清顺治十二年），我国社会人口在 0.3 亿至 2.0 亿之间不断变化，但从 1700 年（康熙三十九年）的 1.5 亿多增长到 1850 年（道光三十年）的 4.3 亿，150 年的时间里，我国人员增长了 3 倍。这期间正逢"康雍乾盛世"，统治秩序稳定和社会经济发展，为人口增长打下了良好的基础，这与雍正年间实行"摊丁入亩"、多生子女不纳税的赋税改革是分不开的，也离不开明清时期玉米、番薯、马铃薯这些重要的粮食作物引种扩种。1850 年至 1949 年，由于战争、近代劳工输出等国际人口迁移，中国大陆人口增长缓慢，到 1949 年末中国大陆人口为 5.4 亿，农村人口占比 89.4%。传统社会至近代乡村人口特征主要表现：①人口呈现平均寿命偏低、男性多于女性、儿童少年多于老年的自然构成和人口总数乡村绝对多于城镇的地域构成。②社会化程度低。由于乡村社会闭塞、经济文化落后，居民对外界的感知不足，缺乏个性发展空间，主要依附家庭家族，社会化程度低，具有浓郁的乡土性。③文化与技术素质低。由于封建社会的封闭性、科举制和教育资源有限，乡村中缺乏对自然和社会科学知识的教育，乡村除地主、豪族、乡绅、商贾子女能接受有限教育外，底层村民基本上为目不识丁的文盲，社会礼制和劳动技能依靠口传身授。④男尊女卑、三从四德、女子无才便是德等封建观念，禁锢着乡村妇女自由、发展、继承等权利。近代社会，开启了教育救国和妇女解放运动，但对乡村社会教育影响不大。⑤由于交通闭塞，以及以人力和兽力为主的交通运输条件，除战争、大范围自然灾害与瘟疫外，人口跨区域大流动现象极少。

新中国成立以来，国家以发展生产力改善人民生活和保障国家安全为基本目标，国民生产生活条件不断得到保障，人口结构出现了新的变化。乡村人口数量变化方面，1978 年中国大陆人口迅速增长到 9.63 亿，农村人口占比 82.1%，至 1990 年增长到 11.33 亿，农村居住人口占比 73.77%（1990 年第四次全国人口普查）。1990 年以来，随着计划生育工作的不断加强，中国的生育率下降到较低水平，根据国家统计局的数据显示，截至 2018 年底，中国大陆总人口 13.95 亿，乡村常住人口占比 40.43%。中国大陆从 1950 年到 1990 年，尽管于 1962 年就提倡计划生育，但在 40 年间人口仍增长了 1 倍，而农村人口增加了近 1.8 倍。这一方面得益于扩大农业生产面积和提高耕地复种指数、改良作物品种和栽培技术、发展农田水利设施、发展医疗技术降低人口死亡率；另一方面受人口流动的限制，除了招工提干外，乡村居民基本上固定在本土劳作和生活。1990 年到 2018 年，乡村人口减少了 33.4%。其原因，一是严格实施计划生育政策，人口出生率降低；二是乡村居民十分重视教育，不少的农家子女通过高考深造走出农村；三是改革开放解除了人口流动束缚，工业化、城镇化、服务业的发展，促进乡村人口向城镇转移。在乡村人口质量方面，通过扫盲运动、重视科学知识教育、普及义务教育、媒介科普宣传与机构技术培训等措施，乡村居民文化水平与生产生活技能得到普遍提升；外出务工乡村人员通过认识新事物和专项技能培训，使自身的认知能力和专业技术水平得到提高。

三、乡村家庭、宗族（家族）的变迁

（一）乡村家庭变迁

新中国成立以前，以封建土地私有制为经济基础的乡村家庭是从事自给自足小农生产的传统家庭，其主要特征是：①从事自给自足农业和手工业生产；②父系家长制，父亲作为家长拥有绝对权威；③婚姻缔结的方式是父母之命、媒妁之言，强调"门当户对"；④实行一夫一妻多妾制，推崇夫唱妇随；⑤崇尚大家庭，家庭关系以父子关系为中心；⑥男尊女卑，重男轻女，在贞操观方面实行两个标准，男性可以纳妾、嫖妓，女性却要婚前婚后守贞从一而终；⑦受神权、族权、父权、夫权四权统治。

新中国成立以后，废除了封建土地私有制，削除了封建家长制及家族（宗族）等传统势力存在的经济社会基础，社会主义新中国严格执行《婚姻法》，实行一夫一妻制、婚姻自由、男女平等，法律规定了家庭成员的权利和义务关系。随着国家政策的变化，乡村家庭功能呈现加强—取消—恢复并进一步加强—逐渐减弱的变迁：1950年至1955年，即单干、互助组和初级社阶段，家庭的生产功能较新中国成立前有很大加强，收入也大大增加，家庭的消费和生育功能也开始活跃起来；1956年至1978年，即高级社和人民公社阶段，农民家庭的生产功能被取消了，失去了直接从事生产的对象和手段，消费功能等一直处于较低的水平；从1979年农村实行经济体制改革至家庭联产承包责任制结束阶段，农民家庭的生产和经营功能得到恢复并进一步加强，消费功能提高，但生育功能受到严格控制；在解冻城乡人口流动和取消国家定购粮、农业税后，随着工业化、城镇化发展，乡村人口城镇化程度不断提高，家庭的生产功能逐渐降低，整体功能逐渐转向以保持住宅所有权和耕地山林承包权为目的的权益功能，包括养老的生产生活功能。

随着家庭功能变化，家庭结构也发生变化，由传统乡村的主干家庭、联合家庭为主转为以核心家庭为主，家庭少子化、单身家庭、重组家庭、单亲家庭、空巢家庭、断代跨代家庭呈上升趋势。

（二）宗族（家族）的变迁

宗族曾是以血缘关系建立的乡村社会权力组织和自治组织，传统封建政权将皇权与族权紧密结合，实现对乡村社会的控制。近代以来，中国社会发生了重大变迁，帝国主义侵略者、军阀、民族资本家及新生的民主力量，不但促使封建王朝的覆灭，也让乡村宗族逐步走向衰落，乡村宗教的社会影响日趋减弱。新中国成立后，经过土地改革、人民公社化运动等，乡村宗族势力遭到了严重打击，乡村宗族失去了生存空间，宗族组织基本消除，宗族活动大部分停止。随着改革开放和经济转型，原本销声匿迹的宗族势力悄然抬头。但在现代文化背景下复兴的宗族，不可能再是中国传统社会的原始生态的宗族，虽然农村地区仍然存在修续家谱等活动，但它的实际含义已经发生变化，不再是对传统宗族文化的延续，而是为了满足内心群体归属感的需要。

四、乡村公共文化的变迁

在传统中国乡村社会中，农耕经济下的个体世代定居于特定土地之上并长期生活在相似的环境情景中，而交通的不便、信息的闭塞和小农经济自给自足的性质，则进一步促使乡村文化呈现出极强的封闭性和独立性。此种情况下的中国乡村不止与城市缺乏交流，其相互间的关联也极大地受到地理环境的制约。这时，由寺庙、晒场、戏台等空间存在及祭祀典礼、人脉联系等制度存在所共同构建的乡村公共文化领域，就成为链接乡村纵向代系和横向个体之间认同感、归属感的文化纽带。

在新中国计划经济时期，国家力量对乡村社会的渗透使后者处于政治话语的权威之下，乡村内部的自治性、能动性随之遭到忽视。如人民公社时期由乡镇文化站构建出的集体化社员关系，就强烈地压缩和破坏了原先乡村公共文化领域中伦理性、礼俗性、宗教性的内涵，并用国家政治权力下的"大集体"式文化共同体作为取代。改革开放以来，乡村社会经历了巨大的变革。受城市化运动向乡村扩张、现代化发展对乡村生活的影响，中国乡村社会的公共文化关系逐步摆脱了以往的地理空间障碍与交往渠道限制。

个体逐步从原有的宗族、家庭、阶层、社区、集体之中抽离出来，转而面向更为广阔的国家、市场、全民性法律规范。这一过程中，现代思想观念和生活方式的持续影响，使乡村公共文化朝着大区域同质化演进。

首先，是各类社会活动对乡村公共文化的冲击。破除封建迷信思想活动的长期开展与现代化观念的逐步渗透，使曾在中国乡村中扮演着重要社会角色的土地庙、山神庙、宗族祠堂等公共文化空间日渐衰落。在"破四旧"等社会运动中，乡村中大量的信仰习俗作为旧社会、旧思想的代名词被明令禁止。改革开放后，随着经济的发展及教育的普及，现代性视野下的"科学""理性"又对传统乡村文化中的认知、思维和仪式产生了多层次的冲击。宗族势力的瓦解、家族结构的分化和民间信仰的消逝，均导致乡村公共文化领域的各种实践活动失去了以往的规模性和影响力，甚至最终退化为一种家庭内部的私人活动。

其次，是城市化、工业化进程中乡村公共文化凝聚力的式微。在市场经济的作用下，乡村原本以血缘地缘为依托的传统社会关系开始让步于劳动力资本化下的业缘市场雇用关系，个体对公共关系网络的依赖性亦不断减弱。此外，近四十年来城市化、工业化扩张对小农经济的影响及国家户籍制度的松动，令更多的乡村人口从原本"面朝黄土背朝天"的土地锚定关系与高度集体化的状态中解脱出来，获得了更多的自主选择权。为了追求不同的目标，乡村中越来越多的人选择外出学习或务工，而个体的成功也愈发依托于个人的聪明才智与辛勤劳作，而非对家族集体、宗族组织等乡村公共资源的依附。因此，农民的思想道德和价值观念发生了很大的变化，呈现出多元混杂状态，传统的家族伦理、社会习俗和道德观念对村民的约束力越来越小。

最后，是现代化媒体对乡村公共文化受众群体的分流。传统社会中乡村公共文化生活的实现，主要是通过雇请戏班表演、组织民间演出等实现。社戏、灯会等乡村公共性文化活动，一般在特定的时间（如农闲之时、婚丧嫁娶之际）于集中的地点（如学校操场、晒谷场）等公共性环境中举行。在电影、电视进入乡村之初，播放设施的稀缺性也使受众产生了相当程度的聚集（如村民们汇聚在某户人家观看电视剧、在露天场地集中放映电影），依然能够维持乡村公共文化空间的存在。随着电视、电脑、手机的普及和传媒技术的发展，人们足不出户便可获取到丰富的文化信息，传统乡村公共领域文化活动的吸引力大大减弱，以年轻人为代表的乡村个体对文化的接受和参与逐渐隐退至家庭性的私人空间，并以网络社交替代了面对面的公共社交。这一普遍趋势降低了乡民们参加公共性文化活动的意愿与机会，致使乡村公共文化领域不断萎缩。

五、乡村政治变迁

（一）乡村基层政权的变迁

中国乡村基层政权经历了封建君主专制时期的乡绅自治、晚清至民国的混乱时期、新中国成立后实行的人民公社和现代的乡政村治。

封建君主专制的乡村基层政权是由国家政权和社会权威两者结合组成，受管理成本的限制，国家政权在乡村较为健全和正规的系统设置实际上只达到县一级，县以下乡村基层政权是由地方精英在非制度层面上进行的。地方精英一般由族长、乡绅和地方名流组成，承担着对传统中国乡村社会日常生活的管理职责，有学者称这实际上是一种乡绅主导的自治体制。传统的治理方式有许多优点。首先，地方精英对乡村社会的控制实际上代表着国家政权对乡村社会的控制，因为他们一般都和国家政权有着千丝万缕的联系，他们的身份使他们在某些时刻可以作为国家政权的代表，代表国家政权在农村社会发号施令。这种基层政权方式从制度和非制度两个层面保证了国家对乡村社会的控制。其次，在地方事务上，地方精英往往有较大的发言权，在地方民众的利益受到国家政权侵犯的时候，社会权威要代表地方发言，和地方官进行讨价还价，从而对国家政权起到一定的制约作用并保持地方社会的稳定。

在晚清和民国早期初步建立的国家政权是一种"经纪体制"和"现代官僚体制"的混合物。在此后数十年的发展演变过程中，国家政权并未实现由混合体制向规范化的现代官僚政治体制的过渡，而是走向全面的"经纪化"。这种国家政权的组织构成极不规范，行政职能部门组织网络中（主要是基层政权组织中）包含着大量的非正式机构和人员，这些非正式机构和人员与正规化的官僚机构和人员一道共同担负管理控制社会的职能，但是他们的行政办公经费和工资福利并不由国家财政支付，而是由他们凭借国家赋予的各种管理职权，在担负其管理控制社会、征收国家赋税等职能的同时，通过正常赋税以外的各种"创收、摊派、罚款"等途径自行解决。这些人成为地方上的新权威，他们从政府和农民双方进行掠夺，增加个人收益。大范围"经纪体制"的存在，不仅造成财源流失，增大了控制成本，也极大地削弱了国家政权动员有限资源实施经济建设的能力，造成经济发展困顿，国家集聚资源的努力使主要负担落在农民身上，导致了农民和地方精英的强烈不满，这极大地激发了广大民众与政府之间的对立情绪，危及国家政权赖以存在的社会基础。

新中国成立后，中国共产党将现代"政党运动"与乡村政权的建设结合起来。土地改革之初，国家即派出大批土地改革工作者进驻乡村，一方面是组织农民进行土地改革；另一方面是将农民组织起来，将一部分积极分子吸收为共产党员，取代传统乡绅和旧的乡村"精英"成为乡村社会的新的领导者。这些以贫下中农积极分子为骨干的新的乡村领导者在政治上和组织上与党和政府保持着紧密的联系，成为国家深入乡村社会的一支主要力量。尽管新中国成立之初国家政权只设在区、乡一级，但是这些新崛起的乡村权力精英把国家的政治权力延伸到村庄之中。计划经济时期的人民公社体制，实行政社合一，是中国近代以来最为有效的乡村社会治理方式。

首先，它摧毁了乡村社会旧的经纪体制（包括传统的保护型经纪），国家完成了基层社会的官僚化和合理化，国家政策、方针乃至意识形态都直接通过自上而下的官僚系统贯彻到乡村社会，乡村社会资源的征用以及赋税的征收也是通过国家政权的基层组织完成的。

其次，它成功地保证了农村社会的稳定，广大农民得到了近百年来没有过的安定的生活环境，同时也得到了一定实惠，医疗条件从无到有，基础教育初步普及。这种国家的政权体系建设，最初是出于两种需要：一是巩固新生政权；二是为了加强国家对乡村社会资源的提取能力，以便推进国家的工业化和社会主义现代化。但后一种需要却导致了工业与农业、城市与乡村发展的不均衡，形成了经济领域和社会领域的二元结构。这一时期高度集约化生产方式不适应乡村社会落后的生产力，影响了农民生产的积极性，也制约了乡村经济的发展。20 世纪 70 年代末，国家开始对人民公社的管理方式进行改革。改革开放以后，我国对乡村政权的变革主要从两个层面展开：一是取消人民公社体制，建立乡镇政府；二是在农村取消生产队体制实行村民自治。

（二）土地制度的变迁

中国土地制度大致经历了共有制、井田制、私有制、均田制、公有制等多种典型形态。

土地制度发端于商朝的村落共有制。这一时期，人类由游牧生活转变为农耕，定居于村落，农业生产主要是刀耕火种，生产力低下。在这样的条件下，土地由组成村落的氏族合村共有，氏族成员共同耕种，作物收获后共同分享。这种制度适应了当时的农业生产方式和氏族社会特点，有利于氏族成员共同生产生存。

井田制大致出现在西周到春秋战国时期，当时"普天之下，莫非王土"，周王分封土地给贵族，贵族将土地分配给庶民使用。庶民以共耕公田为前提条件而获得私田，且庶民要完成公田的耕作后才能耕作私田。那时的耕地，总体十分规整，成方块状，如同"井"字，故称井田制（一"井"分为 9 个方块，周围的 8 块田由 8 户耕种，中间是公田）。井田制在当时的社会形态下，对于发展农业生产、稳定社会秩序发挥了重要作用。

私有制是我国历史上持续时间最长的土地制度，始于商鞅"废井田、开阡陌"，从战国末年一直延续到新中国成立。在这种制度下，土地归封建地主阶级所有，农民租用地主的土地并缴纳地租、承担徭役。这种制度废除了奴隶制生产关系，推动了农业生产力发展和市镇经济兴起，促进了封建经济的繁荣。但这种制度也不可避免地造成了土地过度兼并，土地愈来愈集中到少数地主手中，造成生产资料分配极度不均。尤其在灾年，农民不得不变卖自己的土地甚至流离失所。土地兼并和大量流民出现往往是一个朝代后期的突出表现之一，"富者田连阡陌，贫者无立锥之地"，成为封建王朝兴衰更替的重要原因。

均田制是封建王朝在特定时期采取的一种折中安排，以缓解地主阶级和农民之间的土地矛盾。国家将无主的土地和荒地分给农民使用，以保障稳定的赋役来源。这种制度起始于北魏，北齐、隋、唐等时期都曾实行过，太平天国的天朝田亩制度、辛亥革命的平均地权，也都受其影响。均田制有利于恢复农业生产、巩固封建统治，但并未真正触及地主阶级的核心利益，难以根本改变土地分配极度不均衡的现象。

新中国成立后，中国共产党领导全国人民实行土地改革，废除了地主阶级封建剥削的土地所有制，实现了耕者有其田。随着社会主义改造的完成，我国实行社会主义公有制，农村土地实行集体所有、集体经营，为改善农业生产基础设施条件、推广农业科学技术以及增加工业化发展原始积累发挥了积极作用。改革开放后，适应农村生产力发展要求，在坚持土地集体所有的公有制形式的基础上，建立了以家庭承包经营为基础、统分结合的双层经营体制，革除了农业生产上"大呼隆"和分配上吃"大锅饭"的弊端，极大地调动了农民生产积极性，为解决人民温饱和国家快速发展提供了有力支撑。实行家庭承包经营后，农民集体拥有土地所有权，农户家庭拥有承包经营权，实现了所有权和承包经营权的"两权分离"。随着工业化、城镇化深入推进，大量农业人口转移到城镇，农村土地流转规模不断扩大，新型农业经营主体蓬勃发展，土地承包权主体同经营权主体分离的现象越来越普遍，国家创新建立了农村土地"三权分置"制度，2016 年，中办国办印发《关于完善农村土地所有权承包权经营权分置办法的意见》，对"三权分置"作出系统全面的制度安排。实行"三权分置"，坚持集体所有权，稳定农户承包权，放活土地经营权，实现了农民集体、承包农户、新型农业经营主体对土地权利的共享，为促进农村资源要素合理配置、引导土地经营权流转、发展多种形式适度规模经营奠定了制度基础，使我国农村基本经营制度焕发出新的生机和活力。

（三）户籍制度的变迁

户籍制度是一项基本的国家行政制度。中国历史上的户籍制度是与土地直接联系的，以家庭、家族、宗族为本位的人口管理方式。现代户籍制度是国家依法收集、确认、登记公民出生、死亡、亲属关系、法定地址等公民人口基本信息的法律制度。

中国古代户籍制度的发展和形成经历了漫长的历史过程，它源于三代、萌芽于春秋战国时期，正式建立于秦朝，此后经过不断的发展和完善，成为了中国社会中影响最久、意义最深远、历史作用最大的封建君主专制国家的重要行政管理制度，是历代王朝控制人民的重要手段。我国古代最早实行的是人口登记制度，考古发现，早在商代，就有关于人口清查统计的记载。随着奴隶制度的不断发展，到了西周时期，奴隶主为了控制奴隶、扩大耕地，必须对奴隶数量及具体情况有所了解，人口登记制度也有了进一步的发展。根据《周礼》上的一些记载，后人推测，西周设有"司民"这一官职，掌理户籍、计点民数，三年进行一次人口调查，数字上报周王，以辅佐其施行政治。春秋战国时期，秦国的商鞅对户籍管理十分重视，他推行了一系列关于户籍制度的改革措施。首先，要求户口登记范围广泛，据《商君书·境内》记载，国内的男女户口全部登记在册；其次，要求出生的登记入册，死亡的注销户口，这是中国最早的人口出生和死亡的动态登记。此外，还将全国的人口进行身份和职业的划分。这个时期古代户籍制度的雏形已形成。到秦朝户籍制度已略有规模，户口册上除了写明户主的姓名、籍贯、身份及家内人口的情况外，籍册中所有成员的年龄和健康状况也必须在户口册中标明，便于官府区分人口的不同身份和不同地位，以此来控制社会秩序。户籍管理制度作为君主专制社会剥削和统治劳动人民的工具，成为一项社会制度也随之确立下来，奠定了中国两千多年的户籍管理模式。汉代实行"编户齐民"制度，户口登记内容要求非常详细，并且在中央和地方都设有户籍管理的专职官员，丞相萧何制定了《九章律》，其中的"户律"规定了详细的户籍管理办法，成为历史上首个用法律来规范的户籍制度。中国古代战争频繁、人口流动性很大，长期战乱造成的人口死亡、脱籍或沦为流民等情况，都会导致户籍不实，进而影响国家的经济收入。到了隋唐时期，统治者为防民户逃亡，在继续推行北魏时期"三长制"的基础上，加强基层管理，整顿入户编制，用"三长"这个基层组织实行"大索貌阅"。到唐朝时户籍管理已相当完备，实行"团貌"和"输籍定样"，一年一造记账、三年一造户籍，管理较为缜密。户籍制度经过宋朝和元朝的不断发展和完善，明朝推行了户帖制度。为防假冒、伪造，每份户帖上有编号，加盖官印，一式两份，一份交于百姓留执、一份上交户部。明朝还在里甲制的基础上编造黄册（即户口总册）。清初沿袭明制，直到光绪年间对户籍制度进行了彻底的改革，效仿日本警察户口编审制度，成立了警察局，发布巡警清查户门条规，并制定户籍法，进行户口调查。户数调查按照民政部所定的门牌号码来编订，门牌号一旦确定，若要迁移，户主3日内需报巡警机构注册。警察作为户籍管理的新机构，成为中国户籍发展史上又一个重要的里程碑。自此，中国户口统计日渐形成规模，户籍管理制度渐入正常轨道。

北洋军阀政府时期，军阀混战，没有颁布单行的户籍法规，只颁布了《警察厅户口调查规则》（1915年）、《县治户口编查规则》（1915年）、《京兆各属户口编查单行细则》（1916年）等条例。这些条例基本沿袭了晚清户籍制度，同时将封建时期保甲制度与近代警察制度结合起来，进一步发展了清末确立的警察户籍制度。

南京国民政府参照英、美、德、日等国的户籍及人事登记法律制度，于1931年正式颁布了中国历史上第一部《户籍法》，于1934年对该法修正并于同年实施，1946年进行第二次修正并公布实施。不过，南京国民政府《户籍法》并未得到很好实施。由于南京国民政府把"防盗""防匪"放在首位，先后颁布了《保甲条例》（1937年）、《县保甲户口编查办法》（1941年）、《剿匪区内各县编查保甲户口条例》（1932年）等，这些规定使得户籍成为当局抓壮丁、清缴进步人士的工具。南京国民政府实际实施的户籍制度与保甲户籍制度无异，与以往历代尤其是明清两代保甲户籍并无多少差别，都是通过保甲连坐的办法，强化对乡村民众的控制。

新中国成立初期，为巩固新生的社会主义国家政权、开展新型国家建设，逐步建立了新的户籍制度。1951年，公安部颁布了旨在"维护社会治安、保障人民安全"的《城市户口管理暂行条例》，要求在城市实行人口登记。1953 年，《全国人口登记办法》出台，为农村建立户口登记制度和在全国建立户籍制度奠定了基础。1958 年 1 月，我国颁布《中华人民共和国户口登记条例》，规定了户口登记、注销、迁移、收养、婚姻、年龄、违法责任等具体细则，标志着新中国户籍制度的形成。1959 年到 1977 年是我国户籍制度的发展时期。其间，为治理城市粮食等资源紧张问题和实施以城市为中心的工业化战略，先后出台了《中共中央关于制止农村劳动力流动的指示》《关于减少城镇人口和压缩城镇粮食销量的九条办法》《公安部关于处理户口迁移的规定（草案）》《公安部关于处理户口迁移的规定》等文件，严格限制农村人口向城市流动，形成了城乡二元分治的户籍制度。1978 年至今是我国户籍制度的改革时期。随着改革开放的深入，特别是社会主义市场经济体制确立以后，以农民为主体的流动人口增多，在城乡一体化、城镇化和农民工市民化的背景下，户籍制度改革成为必然趋势。其间，国家先后出台了《关于农民进入集镇落户问题的通知》《公安部关于城镇暂住人口管理的暂行规定》《中华人民共和国居民身份证条例》《小城镇户籍管理制度改革试点方案》《国务院关于解决农民工问题的若干意见》《国务院办公厅关于积极稳妥推进户籍管理制度改革的通知》《国务院关于进一步推进户籍制度改革的意见》《2019 年新型城镇化建设重点任务》等文件，逐步松动严格管控人口流动的户籍制度，通过差别化手段对不同类型的城市实行积分入户改革，提高了人口城市化率，为农民工市民化提供了保障。

（四）赋税制度的变迁

赋税是国家宏观管理经济的重要手段。对乡村征收的赋税是中国古代国家收入的主要来源，也是近代中国和改革开放前新中国财政收入的重要来源。赋税制度随土地制度和经济发展水平的变化而变化。

夏、商、周时期实行贡赋制，如分封制，诸侯要服从周王的命令，按期向周王贡献财物，并随从作战。春秋战国时期，鲁国实行"初税亩"，不论公田私田，一律按亩征税，其税率为收获量的 1/10，也就是所谓"什一之税"。鲁国进行赋税制度改革之后，各诸侯国都先后进行了赋税改革。如齐国管仲"相地而衰征"，根据土地多少和好坏征收赋税。这一时期赋税制度改革，是在承认土地私有制的基础上开展的，标志井田制的瓦解，促进了生产力的发展，促进了奴隶制生产关系向封建生产关系的转变。

汉朝推行编户齐民制度，皇朝把农民编入户籍，实行按编户征收租赋、征调徭役和兵役等。从汉高祖时起，按照土地产出"十五税一"或"三十税一"的实物地租，还有所谓"口赋"（丁税，"人头税"）、"算赋"（对成年人年征的"人头税"）。汉代采取"轻徭薄赋"和"与民休息"的政策，调动了广大农民生产的积极性，经过 70 余年的经营，神州大地出现了所谓"文景之治"的盛世。汉朝田租轻而人头税重，编户制标志赋役制度正式形成。编户齐民赋税沉重，严重影响了正常的农业生产和人民的生活。

隋唐的租庸调制（成年男子每年向官府缴纳一定的谷物，叫作"租"；缴纳定量的绢和布，叫作"调"）。北魏均田制规定农民必须向国家交纳租（土地税）和调（户税），还要服兵役和徭役。隋朝沿用北魏的租调制，规定 50 岁以上可以缴纳一定绢代替劳役（即"庸"），唐朝的"庸"无年龄的限制。唐朝前期推行租调庸制，由于土地买卖和兼并之风盛行，均田制和租庸调无法推行，国家财政收入减少。为解决财政困难，唐朝中后期推行两税法。两税法是每户按资产缴纳户税、按田亩缴纳地税，取消租庸调和一切杂税、杂役，一年分夏季和秋季两次纳税。两税法是我国古代赋税制度史上的转接点，标志着征税标准由以人丁为主逐渐过渡到以土地财产多少为主，税制得到统一，是我国封建社会赋税制度的一次重大改革和进步，奠定了唐朝后期到明代中期赋税制度的基础。但两税法的实施，使土地兼并不再受到限制，出现越来越严重的状况；大地主隐瞒财产，把赋税转嫁到农民身上，农民负担沉重。

北宋推行募役法和方田均税法，募役法就是政府向应服役而不愿服役的人户收取免役钱，雇人服役；方田均税法就是政府重新丈量土地，按土地多少、好坏收取赋税。明朝后期实行一条鞭法，将原来的田赋、徭役、杂税"并为一条"，折成银两，把从前按户、丁征收的役银，分摊在田亩上，按人丁和田亩的多寡来分担。一条鞭法是我国赋役史上的又一次重大改革，赋役征银的办法适应了商品经济发展的需要，有利于农业商品化和资本主义萌芽的增长；纳银代役的规定，可以保证农民的生产时间，相对减轻了农民负担，农民对封建国家的人身依附关系也有所松弛。

清朝推行"摊丁入亩，征收地丁银"的赋税制度。1669 年，康熙帝宣布原来明朝藩王的土地，归耕种人所有。1712 年，清政府规定以康熙五十年（1711 年）的人丁数，作为征收丁税的固定丁数，以后"滋生人丁，永不加赋"。雍正帝一上台就推行"摊丁入亩"的办法，把丁税平均摊入田赋中，征收统一的地丁银。这一制度废除了中国历史上长期存在的人头税，部分减轻了无地、少地农民的经济负担，封建国家对农民的人身控制进一步松弛，杜绝了历史上长期存在的隐蔽人口的现象，也促进了人口出生率的提高，劳动者有了较大的人身自由，有利于手工业和资本主义萌芽与成长，对我国的人口增长和社会经济发展有重要意义。

北洋政府时期，赋税制度仍然维持着"田赋、关税、盐税、厘金"的赋税结构，田赋的收入在整个收支中占有重要地位。但是在军阀混战的时候，田赋多被挪用，关税、盐税仍被外国列强控制。由于军阀割据的政治格局，税收复杂而且混乱，地方滥征的苛捐杂税比晚清有过之无不及。例如，截至1926年，在广东有猪只捐、女子出阁捐、番薯捐、青菜捐、丁口捐等名目的税捐，严重影响了工商业经济的发展。北洋政府先后三次对地方税收和国家税收进行划分，其中关税、盐税、统税、烟酒税、矿税、银行税、遗产税、印花税、国营企业收益等划归国家税收项目，田税、契税、牙税、营业税、当税、牲畜税、屠宰税、船捐、房捐等划归地方税收项目。1912年制定了"地方税草案"，1915年又提出"专款制度"的方案。1923年北洋政府又依照西方的现代税制对各种税收进行了划分。这些税收方案在中国历史上第一次划分了中央税和地方税，反映了当时社会经济发展的要求。

国民政府建立以后，整顿了关税和盐税，废除了当时的厘金，实行了所得税、营业税等项目的征收，赋税结构增大，形成了中央以关税、盐税、统税为主，地方以田赋、营业税为主的赋税结构。这标志着中国近代税收制度取代了封建税收制度。同时，国民政府还收回了关税的主权。这一时期，对城市工商业课征的间接税超过历史上的田赋，逐渐上升为主要的税收。比较重要的是，这一时期从外国引进了近代直接税。由于这些税种的引进，我国税收在田赋和对工商业课征的间接税以外，又增加了新的直接税体系。抗战期间，中国领土的逐步沦陷使中央的各项税收锐减，为了抗战，国民政府实行了战时财政体制，包括改革税制，如开征食盐附加税、货物税和直接税（包括印花税、所得税、非常时期过分所得税、营业税、遗产税），并接管田赋。抗战结束以后，国民政府在1946年对赋税进行了整顿，公布了各种税法条例，废除了许多战时的非常举措，但是这一切因为内战的开始而被搁浅。三年内战期间，国民党南京政府继续实行"三征"，加重对人民的榨取，苛捐杂税不断增多，将中国的经济带到一个濒临崩溃的境地。

新中国成立以来，国家对乡村征收税费经历了计划经济时期由人民公社全权代表缴纳和改革开放后家庭联产承包责任制背景下的税费相对稳定时期、税费改革时期、无农业税时期。国家从1952年10月起，对粮食、棉花等实行统购统销，并于1958年颁布《农业税条例》，开始征收农业税。在人民公社时期，农民不直接交纳税，也不直接负担管理费用，而由人民公社全权代理。在这一特殊时期，新中国百废待兴，加上西方"经济和技术封锁"等原因，中央决定从1953年的"一五"计划开始，走优先发展重工业的工业化路线。通过计划经济，借助人民公社，以非市场方式取得工业化所需的资金、粮食和农产品原材料，完成其资本原始积累，就成为必然的选择。1983年全国农村在改革开放的大潮中实行家庭联产承包责任制。从1984年开始，农村税费政策具体包括：①按土地面积交纳的农业税，农业特产税及其教育附加税。②向村委交纳的三种提留费——公积金、公益金和管理费，用于农田水利建设、植树造林、供养孤寡残老、帮助困难家庭、合作医疗机构和集体福利设施建设、村委会的管理费及村干部的工资等。③农户向乡、镇政府交纳的五种"统筹费"，用于乡村公路建设、防汛、义务教育、计划生育等。另外，农民要为乡村道路建设、防汛和植树等投入一定时间的义务劳动。到 20 世纪 90 年代初，出现了一些农村基层政府向农户在农业税基础上乱"搭车"收费、乱摊派、非法集资等问题，使农民负担不断加重。为了切实减轻农民负担，中央开始着手对农村进行税费改革。这期间的税费改革，实行税费合一、简化，把乡镇政府和村委的各种收费或集资项目取消，合并到农业税中，称"费改税"。税费改革的主要内容是"三个取消，两个调整，一项改革"，即取消乡镇统筹费、农村教育集资等专门面向农民征收的行政事业性收费和政府性基金、集资，取消屠宰税，取消统一规定的劳动积累工和义务工；调整农业税和农业特产税政策；改革村提留征收使用办法。改革后，农民只需交三笔钱：农业税正税及附加税，"一事一议"的筹资，村内统一组织的抗旱排涝、防虫治病、恢复水利工程等共同生产费。在改革过程中，政府逐渐意识到，只有把农业税问题解决了，其他的乱收费、乱摊派才能解决。2005 年 12 月 29 日十届全国人大常委会第十九次会议废止了 1958 年颁布的《中华人民共和国农业税条例》，不再单独针对农业开征税种。征收了 2 600 多年的农业税从此退出历史舞台，结束了中国人种田缴纳公粮国税的历史。

（五）公共产品供给制度的变迁

乡村最基本的公共事务包括教育、治安、医疗、养老、交通出行、与农业生产有关的水利设施、人居环境、防洪抗灾、生态保护等单个农户难以承担的生产生活事务。

中国古代及近代，国家主要依靠从农民手中获取赋税用于政权的维持和上层统治，乡村社会所需的公共产品长期由乡村的家庭、家族或宗族低水平的自我供给。这一时期，乡村社会处于封闭和保守的环境中，一个个相距并不遥远的村庄成为一个个相对完整和自成体系的小社会经济体，其内部运行着特殊的社会经济体制；农业的发展状况处于自然经济形态，农业生产存在低技术壁垒和协作低度化，农业产出品大多直接作为最终消费品，乡村民众之间的经济联系微弱，民众对公共产品的需求偏好较弱。国家对乡村公共产品的供给主要体现在赈灾和社会治安上，乡绅及社会组织在道路、桥梁、公共建筑、办学、社会关系协调等乡村公共需求方面发挥重要作用。

新中国成立后的人民公社时期，国家通过强力推动乡村社会制度变革和社会迅速转型，在较大的范围内将农民积极的动员和组织起来，乡村公共产品供给实行用劳动力最大限度替代资金的方式由人民公社集中供给。乡村公共产品供给制度的有效运行，满足了对乡村社会高度整合的治理要求，这一制度的顺利执行有赖于相关配套制度的安排，具体有如下几点：①国家对农村经济的全面控制，公社作为政社合一的组织，为跨大队、跨生产队的资源调配和公共产品供给提供了保障；②工分制的分配方式使集体可以根据公共事业建设的需要决定公积金和公益金的提取比例，这种高效的资金筹措方式对农民造成的负担是间接和隐蔽的；③公社高度控制的劳动力管理使得集体组织可以随心所欲指挥和调配劳动力，进行劳动密集型的公共建设；④由于农户没有任何经济的自主权，并保持高度的同质性，农户缺乏对公共品的主动需求，也没有需求的差异性，这使得自上而下集中、统一供给公共产品变得非常便捷而高效。人民公社时期的公共产品供给体制，通过对乡村社会资源的高度整合，动员和组织农民较好地举办了历史上未能办到的许多公共事业。例如，兴修水利和农田灌溉工程、低产田改良和新垦耕地、建设防洪工程等，极大地改善了农业生产的基础条件，同时通过集中推广农业新品种、新技术发展农业生产，为国家提供农产品和工业原料等公共产品，在解决全国人民吃饭以及工业发展上发挥着重要作用；公共医疗保障体系和乡村基础教育为农民提供了价廉物美甚至免费的公共服务；通过宣传、教育、强制等手段，改善农村的卫生环境，实施计划生育、儿童基础免疫、控制传染病和地方病等公共卫生计划，比较有效地抑制了传染病、寄生虫病和地方病的流行，大大改善了中国农民的健康状况，在总体卫生投入并不高的情况下，大幅度地降低了农村人口死亡率特别是婴儿死亡率，提高了整体人群的平均期望寿命；动员组织农民新修公路、铁路等全社会公共设施，在为乡村提供交通公共产品的同时，为全社会交通条件改善发挥了一定的作用。

改革开放以来，国家通过多途径为农民减负，利用国家力量和动员社会资源，通过实施社会主义新农村建设、精准扶贫、脱贫攻坚、乡村振兴等工程，向乡村提供多方面的公共产品，推进农业产业发展、改善农业生产和乡村人居环境基础设施、强化村"两委"班子和经济社会组织建设，实现了乡村社会快速发展。但是，由于乡村劳动力的大量转移和整户迁居城镇率的提高，村民参与公共产品供给的积极性不高，存在"等靠要"、平均主义等思想，乡村生产力和聚合力不断下降，乡村社会公共产品供给内生力不足，这些问题不但影响国家提供的公共产品应用效率，也影响到乡村社会可持续发展。乡村社会公共产品的供给，还需要多主体供给的体制机制。

六、乡村经济的变迁

中国封建社会至近代社会，以封建地主占有为核心的土地制度是中国封建经济结构的基础，自给自足的自然经济占统治地位。这种自然经济结构，核心是以小农经济为主，农业和家庭手工业相结合，也就是男耕女织的结合。由于生产力发展迟缓，这种自然经济结构在中国长期的封建社会中特别牢固，家庭手工业始终没有改变其农业、副业的属性，其生产过程也没有与农业相脱离。农民习惯于以一家一户为单位进行农业生产，不仅追求着自耕自食，也在小农经济范围内追求着自织自用。外国资本主义的入侵，在破坏农村自然经济的同时，推动农村商品经济的发展，但是，中国农村自然经济解体很不充分，封建主义在农村继续处于优势地位。特别是小块土地经营的继续存在使日益贫困的农民仍能进行着以自给性为主的生产，从而顽强地抵抗着商品经济的侵蚀。新中国成立到改革开放前，国家实行计划经济体制，实行二元发展模式，通常称"二元结构"，人为地把城市和乡村分开。乡村实行集体所有制，乡村社会高度同质化，农民不准进城，没有城乡之间的人口流动，农民出外做工或经营非农产业受到了严格控制，农民只能种地，甚至只能种粮。农村经济单一，没有产业分化。

改革开放首先在农村启动，随着改革不断深化，乡村社会的经济结构、政治和文化结构均发生了变革，社会由同质性向异质性转化，一般称之为社会转型期。首先是农村经济转型（20 世纪 80 年代），家庭联产承包责任制使农民逐步成为相对商品生产者；农村非产业的农发展改变了农村单一的经济成分；在农业获得较快发展的基础上，改变了自 1953 年起开始实行的农副产品统购统销制度，实行合同定购，粮食也实现了购销同价，甚至实行了高于市场价格的保护价；开放了农村的集市贸易，农村商品流通逐步走向繁荣；农业经济和农民生活消费基本上打破了自给自足的封闭状态，农民主要是在为社会生产，而不再只是为自身消费而生产。

随着农村改革的全面深化，我国逐步发展了具有中国特色的现代农村经济，主要有两种形式：一种是家庭经济，它是最基本的形式；一种是村集体经济，它是家庭经济的必要补充。家庭经济的崛起是 20 世纪 80 年代以来中国农村地区经济转型的重要标志之一，与市场经济紧密结合，与国家的联系也变得更为直接。首先，农民通过国家提供的农村公共设施而获益；其次，国家还直接对农民的生产活动进行补贴，使农民在进行农业生产时直接得到好处。

第三节　乡村治理模式的变迁

一、古代乡村社会治理模式

中国古代社会中央集权的封建皇权专制体制延续数千年，与之相适应的乡村社会治理是以乡里制和保甲制等为主要类型的乡村治理制度。在数千年的历史中，乡村治理模式屡经变迁，经历了几个较为明显的阶段，表现出不同的制度规定和具体实践，乡村治理组织称谓多变、功能各异，其自治色彩也各有不同，体现出不同的特点。

（一）古代乡村治理的第一阶段：乡官制模式

中国古代乡村治理的典型形态是乡里制度，乡官制是乡里制度早期的具体形态与模式，这一时期自夏、商、西周到春秋战国，直至隋文帝开皇十五年（595年）。

西周时期的乡里制度，实行"国""野"分治的乡遂制，全国在区划上设"六乡六遂"。乡设于"国"，即西周国都地区，乡之下设比、闾、族、党、州，以户为单位，即"五家为比，使之相保；五比为闾，使之相受；四闾为族，使之相葬；五族为党，使之相救；五党为州，使之相赒；五州为乡，使之相宾"，六乡分别设置比长、闾胥、族师、党正、州长、乡大夫等职。遂设于"野"，即国都以外的地区，其下设邻、里、酂、鄙、县、遂，以编户组织而成，即"五家为邻，五邻为里，四里为酂，五酂为鄙，五鄙为县，五县为遂"。六遂则设有邻长、里宰、酂长、鄙师、县正、遂大夫等职。此外，西周还初步确立了什伍之法："五家为比，十家为联；五人为伍，十人为联；四闾为族，八闾为联。使之相保相受，刑罚庆赏，相及相共，以受邦职，以役国事，以相葬埋。"乡遂制实行的是行政组织与军事组织的结合，是一种和军事编制与户籍编制相交杂的居民管理形式，兼具军事、教化和监控的社会功能。西周时期的乡的层级高于州县的行政建制，遂的层级亦高于州县，从治域范围和所处层级看，其时的遂更相当于后世州县之下的乡。

春秋战国时期沿袭了乡遂制度。战国时期，随着各诸侯国国土面积的扩大，先后出现了县和郡，县下设乡、乡下设里，乡里制已成为基层行政组织，分别由乡长或有司掌管。当然，这一时期的乡，既是地方行政组织，又是军队组织，二者互相结合。春秋战国时期，什伍组织也被广泛采用，统治者对乡村的控制渐趋严密。

秦汉时期实行郡县制，朝廷命官至郡县而止，其乡里制度则逐步成熟。秦统一六国后，将全国划分为36个郡，郡下设县，县下置乡、亭、里为基层政权组织，从而简化了先秦时期轨、伍、里、连、乡等多级治理结构。西汉在地方治理方面基本沿袭前制，但其乡里组织在结构与功能方面更趋细致，更趋严密完善。西汉在全国范围内建立了乡、亭、里三级组织，以十里为一亭，十亭为一乡。西汉在里以下又设什伍组织，使之与里一起成为最基层的组织。里有里魁，掌一百户，什和伍各设什长、伍长，分别主十家、五家，各司其职。这种分工与现行的村民自治组织内部分工有一定相似之处。汉代乡治还有一个与前朝不同的特点，即乡官依其所执掌的乡里事务的不同性质分属于不同的行政系统，如有秩属郡，啬夫属县，游徼属都尉，乡有乡佐辅之，这是汉代乡村治理的创新之举。秦汉的这种基层组织，既发挥了基层政权组织的作用，又带有半自治的性质，表明当时封建国家对基层社会的控制还相对宽松。

魏晋和南朝主要是沿袭汉制，实行乡、亭、里制，而北朝则仿照《周礼》实行邻、里、党三长制或者里、党两长制，组织形式上与秦汉没有太大差异，但乡的辖户则明显减少，其地位也有明显下降。魏晋南北朝时期首次出现了"村"的名称，由于战乱频仍、社会动荡不安，不少百姓背井离乡，聚集开发新的地方，形成了有别于原来的"里"的村落。村坞开始逐渐取代里伍，成为乡治的基本组织形式。它们不是国家行政系统的正式组成部分，而是在豪族庄园、聚坞的基础上自发形成的。其内部的社会结构和外部与国家的关系，均与乡里制度大相径庭。这一时期，乡村治理立法还出现了新特点，即员额编制立法的出现。各国不仅按照户口多寡规定基层建制的规模，而且还依户口厘定乡官职数。如晋制规定千户以上置史、佐、正三人，千户以下置治书史一人。

总体上来看，这一阶段的乡村治理制度，同一组织形式大小不一，并历代因循，随势而变，但大体上不离"官有秩，各有掌，重教化"的窠臼。在这一阶段特别是后期的各种组织形式中，乡和里的作用凸显了出来，并成为了中国乡里制度的最为重要的两级，同时出现了村。乡村治理中选任的官员也一直是道德型和知识型的，乡官主要由官派产生，辅以民间推选，并享有俸禄品秩。这一时期，封建专制主义还没有达到高度集权的程度，乡村社会基本处于半自治状态。

（二）古代乡村治理的第二阶段：由乡里制到保甲制、由乡官制向职役制的模式转变

中国古代乡村治理第二阶段是由乡里制向保甲制、由乡官制向职役制的转变时期，大致为隋唐两宋时期，从隋文帝开皇十六年（596年）至宋神宗熙宁三年（1070年）。隋朝建立伊始，其乡村治理制度是族、闾、保三级制。《隋书·食货志》载："颁新令，制人五家为保，保有长。保五为闾，闾四为族，皆有正。畿外置里正，比闾正，党长比族正，以相检察焉。"较之前朝旧制，保一级为新设的最基层的组织。取消了乡一级，并改坊为里。至隋文帝开皇九年（589年）颁布诏令："五百家为乡，正一人；百户为里，长一人。"这样，族、闾、保三级制又被改为乡、里两级制，乡制得以恢复，但是乡的基层官吏的人员数量比此前大为减少，乡官权力也在逐步弱化，开皇十年因"乡官判事，为其里闾亲识，剖断不平"而废除乡正理词讼的职责，即是其权力弱化的表现之一。

唐代实行的是乡、里、村三级制。以里正为主、村正为其辅贰，是唐前期县以下乡村基层行政管理体制的主要特征，乡的功能则进一步被弱化，甚至一

度是有职而无官。如《通典·职官典》载，唐太宗"贞观九年（635年）每乡置长一人，佐二人，在十五年省"，至此乡制已经是名存实亡了，尤其是安史之乱之后乡制基本丧失其作用。而里和村的作用则凸显出来，成为乡里组织的重要层次，保和保长的设置及其职能亦得以明确保留。特别是村，在中国历史上正式作为一级基层管理组织而出现。唐代通过律和令、疏议等形式全面推行了村制和坊制。《旧唐书》和《资治通鉴》等文献的记载表明，唐代武德时期即已通过颁布正式律令的形式规定："百户为里，五里为乡。两京及州县之郭内，分为坊，郊外为村。里及坊村皆有正，以司督察。四家为邻，五邻为保。保有长，以相禁约。"村的设置范围是"在田野者为村"，村为城市之外的聚落之处，无家户数的限制。据唐代法律，村正长员额的设置一般依村之大小有所变动，主要可分为三种情形：第一，不满十户的小聚落虽然名为村，但不另设村正长，在村长官的设立上要归入其他村；第二，满十户而不满百户置村正一人；第三，超过百户的村设置两名村正。唐代里正职责较大，负责管理整个乡的事务，"掌按比户口，课植农桑，检察非违，催驱赋役"，成为乡里组织的实际领导者，但这种情况在唐代中后期也发生了变化。唐宣宗大中九年（855年），"诏以州县差役不均，自今每县据人贫富及役轻重作差科簿，送刺史检署讫，锁于令厅，第有役事，委令据簿轮差"。由此可见，里正这样的"显职"至此也已有了为人所役使的苗头了。唐代法律对村正的职责也有明确的规范，村正、坊正主要是"掌坊门管钥"和"督察奸非"，有权助捕、纠告、治盗、捕亡等，主要在于维持村内社会治安、进行基层管理。至于其人选，则由县司选取，"勋官六品以下白丁清平强干者充"，"并免其课役"。唐朝村制度的实施富有创意，且卓见成效，从立国之初即开始推行。唐朝对城邑之外纷繁杂乱的各种聚落形态，进行全面规范和整顿，不仅从名称上统一为村，而且从法律上实施统一管理，职责完备。村制度的推行，是对郊野聚落自魏晋以来三百年间离乱局面的一次大整合，是国家力量向基层社会进一步渗透的有力举措。

五代十国时期的乡村治理制度主要是沿袭隋唐，少有更易。这一时期大多数时候实行乡、里、村制，少数时期实行乡、团、里制。村一级基本得以保存，并出现了新的乡里组织形式——团。《文献通考·职役一》载："周显德（958年）五年，诏诸道州府，令团并乡村。大率以百户为一团，每团选三大户为耆长。凡民家之有奸盗者，三大户察之，民田之有耗登者，三大户均之。"

北宋时，乡村治理制度的演变大体分为初期和中后期两个阶段，但期间变化颇为复杂。北宋初期县以下为乡，仍实行乡里制，"诸乡置里正，主赋役。州县郭内旧置坊正，主科税"。乡村置里，里下为户，"里正、户长掌课输，乡书手隶里正"。太祖开宝七年（974年），诏令"废乡，分为管，置户长主纳赋，耆长主盗贼词讼"。不过，此时的乡、里规模均与唐代大不相同。唐朝的乡为五百户，里为百户，而宋初的乡、里规模均大于此。北宋中后期特别是王安石变法实行保甲制度后，乡里制度发生了重大变化。

总体来说，这一阶段处于由乡里制向保甲制、由乡官制向职役制的转变时期，乡和里的地位逐渐沦落，乡里自治功能逐步弱化，官方的控制与统治逐步增强，乡村权力越来越多地被上调到更便于中央直接控制的州县官吏的手中。

（三）古代乡村治理的第三阶段：职役制模式

古代乡村治理的第三阶段是从王安石变法至清代，乡里制度转变为职役制，治权所代表的官治体制从乡镇退缩到县一级，县为基层行政组织，县以下实行以代表皇权的保甲制度为载体，以体现族权的宗族组织为基础、以拥有绅权的士为纽带而建立起来的乡村自治政治。

宋神宗熙宁年间，王安石厉行变法，实行保甲制度。规定，"十家为一保，选主户有干力者一人为保长；五十家为一大保，选一人为大保长，十大保为一都保，选为众所服者为都保正，又以一人为之副。应主客户两丁以上，选一人为保丁附保。两丁以上有余丁而壮勇者亦附之，内家赀最厚、材勇过人者亦充保丁"。在全国推行保甲法后，在保、大保、都保中分别设保长、大保长、都保长和副保正，凡差县差役、政府科敷、县官杂使、监司迎送，皆责办于都保之中。其具体做法是：一都之中选出材勇、物力最高的二人，分别担任都保正和副保正，负责"盗贼、烟火之事"。大保长一年一替，保正、小保长两年一替；每一大保夜间轮流派五人巡逻，遇有盗贼报大保长追捕，同保内发生盗窃等案，知情不报，连坐治罪。北宋通过明确的分管部门来推行保甲制度，并先后颁布了《畿县保甲条制》《五路义勇保甲敕》《开封府界保甲敕》等法令来规范和保障保甲制度的实施。此外，北宋还出现了两件与乡村治理有极大关系的事情：一是乡约的创建，北宋神宗熙宁九年（1076 年）陕西蓝田吕氏兄弟创立了具有浓厚自治色彩的"吕氏乡约"；二是出现了较具规模的社仓，并以保甲法进行管理。

保甲制削弱了乡里社会的自治色彩，增强了国家对乡里社会基层的渗透。至此，乡里制度真正地转变为职役制，中央集权政治体制得到进一步强化。乡和里的地位沦落不堪，尤其是乡一级，其作用几乎已经近于行政区划的性质，不再具有一级行政组织的职能了。乡里之长由领取薪俸的乡官转向具有强制性徭役的职役，沦为为人所役的差人，已不复当年有官秩、有地位的尊荣了，乡举里选的传统消亡，而由县令直接定夺。

南宋时期，保甲制度在调整中继续推行，乡村一般实行乡、都、保、甲制，保正副主管原来耆长的职责，大保长主管原来户长的职责。每一都保下设若干保，保以下设甲，每十户为一甲，甲头常常用以催税。有些地区，诸如福建、四川等，则实行乡、里、耆、都制，设置保正长、耆长和壮丁。

元代的乡村治理制度基本上推行的是一种唐代的乡里制和金代社制的混合管理模式，并出现了都图制。据《萧山志》记载，元代"改乡为都，改里为图，自之始"。这种都图制并非元代首创，而是对宋代乡都保制的因袭。元代的乡里制度在组织方式上比较复杂，其官职的设立和废除交替不定，组织形式的名称纷繁复杂：有里，有村，有坊，有保，都根据本地的风俗习惯称呼。特别是为了发展农业生产、安定农村社会组织，元代还颁布了劝农立社法令。在农村成立了严密的村社组织，设置社长以劝导乡里，助成风俗。至元七年（1270年），统治者"颁农桑之制一十四条"，并规定："县邑所属村疃，凡五十家立一社；择高年晓农事者一人为之长。增至百家者，别设长一员。不及五十家者，与近村合为一社。地远人稀，不能相合，各自为社者听。其合为社者，仍择数村之中，立社长官司长以教督农民为事。"元代还设置村社之约，以处罚之法来进行管理，并办有社学，对乡村子弟进行教育，这些无疑都增加了汉以后基层社会日益减少的自治色彩。

明代的乡村治理制度从总体上来说，呈现出两种不同的特色，北方的乡村制度有着金元的乡里制和社制的色彩，而南方则深受宋代都保制的影响。正如白钢先生所言："明代的乡村行政机构，据有关方志记载，多半是乡都图、乡都里三级，也有的地方是乡保村里、乡保区图四级。"因此，明代的乡里组织层级极为复杂，名称多样，计有乡、里、都、图、保、村、区、社、甲等。从时间层面上来说，明代乡村治理制度的发展大致经历了两个阶段，即初期的里甲制和中后期的保甲制。《明史·食货一》载："洪武十四年诏天下编赋役黄册，以一百十户为一里，推丁粮多者十户为长，余百户为十甲，甲凡十人。岁役里长一人，甲首一人，董一里一甲之事。先后以丁粮多寡为序，凡十年一周，曰排年。在城曰坊，近城曰厢，乡都曰里。里编为册，册首总为一图。"里、甲组织设有里长、甲首，负责调查田粮丁数、编造赋役册籍、催办钱粮，并有"勾摄公事"之责。里、甲的职责明确而广泛，实际上起着基层政权的作用，里长、甲首则是国家最低级的半官职人员。但里长地位每况愈下，整天忙于各种差役难以脱身，以致后来无人愿意充任之。针对乡官充役而导致的世风日下的现状，洪武年间重倡老人制，在里中设立老人，选甲中年过五十者充任，负责教化乡民、解决乡里纠纷。洪武四年（1371年）设粮长制，"推粮多者为之，岁收秋粮，自令出纳"。到了明代中后期，里甲制开始走向衰落，里长、粮长也名存实亡，取而代之的是保甲制。由于老人制的失败，在这一时期还出现了乡约与保甲相结合的情况，每约百家可选保正一人。明朝乡约制度进一步与保甲制度相结合，使得百姓受到更加严密的社会控制。保甲制取代乡里制，职役制取代乡官制，使得明代乡村治理结构的自治性质大为降低，其治理功能也被大为削弱。

清代的乡村治理制度基本因袭前朝。在入关之初的顺治元年（1644 年），为了安定刚刚占领的直隶、山东、山西等地的社会秩序，继续实行前明的保甲、里甲制。但在四年之后，又变更为里甲制，其内容基本同于明初，仍然以一百十户为一里，推选丁粮多者十户为长，余百户为十甲，甲凡十人。清中叶以后，随着土地兼并的强化，人员的大量流动，商品经济的发展，清朝政府开始改变赋税政策，改行"摊丁入亩"，里甲制赖以存在的基础被破坏。从雍正四年（1726 年）起，里甲制便被保甲制所替代。清政府颁布上谕，就落实保甲制度作出较详细的规定，其突出特点是，规定了对保甲组织中保正、甲长、牌头的赏罚措施，对保甲编制给以灵活政策，规定"村庄虽小，即如数家亦可编为一甲"，"如村落畸零，户不及数者，即就其少数编之"。至于其人选，按照清政府的规定，乡、保一级的职役应为"士民公举诚实识字及有身家者，报官点充"。雍正五年，清政府规定"其保正甲长，免其本身差徭"，"其保正甲长，绅衿免充"。清代保甲组织的功能得到进一步强化，除承担人口管理、互保连坐、治安报警之类任务外，还承担一切地方公务管理，成为发挥行政职能的地方基层行政组织。清代保甲组织主要职责有三项：一是征收赋役钱粮，承办差务，包括各项杂差杂役，如修筑河堤、拉运粮草等；二是协助办理地方司法事务，包括查造户口，参与民间词讼，整顿社会治安等；三是办理各种社会福利事务，如救灾赈济等。这样，保甲对乡里的控制更加严密，乡村自治的色彩越来越弱。

古代的乡村治理制度，在唐宋时期实现了由乡官制到职役制的转变之后，开始了由唐宋以前的乡官全面控制向元明清时期的民间自我谋求发展的蜕变，以期达到与职役制相辅相成的效果。为了达到对土地和人口更有效、更直接的控制，削弱基层的权力，将其收回到国家能直接干预的县、州、府级。这样，封建专制更加强化、地方乡里自治的色彩日趋淡化。

二、近代社会乡村治理

鸦片战争以后，在接连不断的内乱外患的打击下，我国乡村社会的权力组织趋向解体。传统的乡里制度、保甲制度被取代。其后国民党政权虽重拾保甲制，但旋即被新政权以摧枯拉朽之势废止。从 1912 年中华民国临时政府成立到 1949 年新中国的成立，"中华民国"政权经历了南京临时政府、北洋军阀政府、蒋介石的南京政府等时期。这些政权在基层社会推行地方自治，以图稳定国家，为政权统治获得所需要的各种资源。

（一）南京临时政府的地方自治

孙中山为了确保宪政的实现，提出以地方自治实现宪政民主。其地方自治的内容：①地方自治的基本单位是县。②地方自治可试办六事。一是清户口，二是立机关，三是定地价，四是修道路，五是垦荒地，六是设学校。③自治机关要保证人民的权利。地方自治思想在实践中并未有效实施，没有解决当时中国的"秩序危机"。究其原因，在于没有解决人民如何掌握权力这一实际性的问题。地方自治设计忽略了发动和组织群众的内容，致使出现上面动，而群众不动的局面。但是，其地方自治思想为后来整合地方社会包括乡村社会打下了坚实的基础。

（二）北洋军阀政府的地方自治

在混乱失序的社会生态环境下，军队成为获得政治权力的重要筹码。1916—1928 年国家呈现出军阀地方自治的混乱局面。1916 年 6 月 6 日袁世凯去世，其后数年里，中国政治进入一片混乱的地方性冲突阶段，形成了军阀割据，从此中国政治革命的局面转入武人控制一切的时代。由于国人均赞成国家统一，所以新军阀为了增强政治合法性而保持其政治独立性，纷纷支持北京政府。1916—1928 年，北京政府制定的地方自治法规主要有三部，但各地军阀并不完全认同这些法文，而是根据当地情况，为了加强地方区域统治，进行了各种各样的"地方自治"，其中被认为最成功的当属阎锡山的"山西村治"。

1917 年 9 月阎锡山成为山西督军并兼任省长，开始在山西省推行"村治"。阎锡山认为，合理的政治组织是村。因为他认为"吾国向来行政疏阔，不从村中彻底设施，以造成良好稳固的社会。故有'人存政举，人亡政息'之叹"。于是，"设施村政，无处不以村为本位"。他还进一步强调：村者，"人民聚集之所也，为政不达诸村，则政乃粉饰；自治不本于村，则治无根蒂，舍村而言政，终非彻底之论也"。在"村本政治"指导下，阎锡山提出"用民政治"。他认为，以前的中国政治都是重在安民，而不去寻求用民，"止求安民，不求用民，其善者以无事不扰为主，其不善者，则与民为敌，愚之柔之"。

北洋军阀的地方自治强化了军阀的独裁统治，原来只表现在国家层面的行政权力不断向乡村社会深入，但最终都失败了。原因是多方面的，包括自治经费不足、自治人才缺乏、国家政局动荡等，而根本原因在于它的封闭性。封闭性表现是多方面的，但最重要的是封建经济形态依然存在，特别是政府对乡村的掠夺，以自治之名加强对乡村税费的征收，导致了乡村的衰败。

（三）南京国民政府的地方自治

南京国民政府推行以县为单位的自治，但没有赋予县明确的自治地位和权力。1928 年 9 月 15 日，国民政府公布的县组织法规定"县设县政府，于省政府指挥监督下处理全县行政，监督地方自治事务"，"县政府于不抵触中央及省之法令范围内，得发布县令，并得制定县单行规则"。1934 年，国民党通过了《修正县自治法及其实行法要点》，将"联保连坐"式的"保甲制度"推行全国，地方自治结束。

国民党地方自治没有产生任何实效，相反，使乡村秩序更加混乱，经济更加贫困，原因在于：其一，从县政来看，党政之争、官绅之争、新旧绅之争导致县长更换频繁；其二，从经费来看，自治经费来自乡村，主要是土地税；其三，地方自治成为少数人渔利的平台。为巩固"新生"政权，并为其统治赢得更多"合法性"，国民党内的一些高层人士积极倡导推行农村合作运动。1926年1月，国民党"二大"时曾议决"设立农民银行，提倡农村合作事业"。这是国民党正式提倡合作运动的开始。1928年2月国民党中央执行委员蒋介石、张静江、李石曾、陈果夫等人在第四次全体执监会议上，共同提出了《组织合作运动委员会建议案》，由此拉开了农村合作组织的序幕。1932年国民党中央政治会议规定了"合作社十大原则"，立法院据此起草了《合作法草案》，共9章76条，并于1934年2月17日公布，1934年3月1日通令全国施行。随着《合作法草案》在全国施行，合作社数量及社员人数增长迅速。1935年合作社数量达到26 224个，社员人数1 004 402人。南京国民政府为了挽救与复兴农村经济而提倡的农村合作运动对当时农村经济的发展起到了一定的积极作用，但并没有解决农村社会的真正问题。主要原因在于：其一，合作运动是国民党扩张国家行政力量，强制推行政治功能的结果，"大多数的合作社是奉命组织，农民自动组织的合作社几乎百不得一，在全国一二万合作社社员中间，真正为着信仰合作事业而自觉地来参加合作组织的更是寥若晨星"；其二，国民政权派系纷争、贪污腐败、行政效率低，为了平衡战时巨大的财政赤字，加强了对人民的搜刮，人民所受合作之利少，受军事摧残之力大，而且始终处于地主富农和商人的高利贷盘剥之中；其三，国民政府是地主、豪绅利益的代表，甚至许多行政要员本身就是地主或者出身地主家庭，所以它不可能剥夺自己的土地分配给农民，而土地问题又是合作运动成败的关键因素之一。

近代社会，由于连年战争，社会动乱，匪患丛生，乡村处于风雨飘摇之中。村民为了维护村庄稳定，免遭军队、土匪的骚扰，成立了自治自卫组织；在生产活动中，村民互助合作，保证农业生产的顺利进行；利用宗教凝聚村民乃至周围村庄联合起来，形成一定规模的组织。但由于生存环境的恶化，农民只能到处逃亡。

三、新中国集体化时代乡村治理

1949—1978年，中国农村历经土地革命、合作化、人民公社化、社会主义教育运动等经济政治和文化制度变革后，乡村的政治组织结构、乡村精英的构成及品性、农民的意识形态观念以及乡村的社会秩序和经济活动方式等发生了前所未有的变化。这个时期是"有计划的社会变迁"，是"从自然村落到集体共同体社会"的过程。乡村社会政治生态的基本向度有两个：权力支配一切和运动式政治社会化。由这两个变量支撑形成的集权——政治运动乡村治理模式，体现了国家对乡村社会的整合方式，体现了乡村精英的同质化及行为方式，体现了农民日常生活政治化，孕育了可控的秩序和不可计划的经济发展治理绩效。

（一）乡村政权组织构建

1950 年 12 月，政务院颁布了《乡（行政村）人民代表大会组织通则》和《乡（行政村）人民政府组织通则》，规定：①乡与行政村并存，同为农村基层行政区划。②乡与行政村的人民代表大会一般由直接选举的乡村人民代表构成。人民代表会议的职权是听取、审查政府工作报告，向政府反映人民群众的意见和要求，建议和议决本乡兴革事宜，审议本乡人民负担和财粮收支事项。③乡、行政村政府是本行政区域行使政府职权的机构。主要职权是执行上级政府的决议和命令，实施乡、行政村政府会议通过的决议，领导和检查政府各部门的工作。

20 世纪 50 年代初期，我国农民为解决农业生产中各自的劳动力、畜力、农具不足的困难，在自愿互利的基础上成立的互助组，是建立在个体土地所有制基础上的合作经济组织，是农民在生产过程中的劳动互助和部分生产资料的互惠交流，并不涉及所有制关系的改变。初级社时期，农民的土地所有权和使用权相分离，土地的所有权归各户私有，而使用权转让给社，基本特征是土地入股和统一经营。1957 年底，全国 97% 的农户加入了高级社。高级社实现了土地和主要生产资料的集体所有制。《高级农业生产合作社示范章程》第十三条规定"入社的农民必须把私有的土地和耕畜、大型农具等主要生产资料转为合作社集体所有"，"实行'各尽所能，按劳取酬'，不分男女老少，同工同酬"。这标志着土地私有权属的消失，农民作为个体再也不是土地的所有权人。高级社的实现，标志着合作化完成。合作化之后，农村又掀起了"大跃进"高潮。1957 年的八届三中全会期间，中共中央、国务院发布了《关于在今冬明春大规模地开展兴修农田水利和积肥运动的决定》，会后，各地部署了农田水利建设和积肥运动，尤其是在一些大中型水利设施的动工，土地、劳动力的使用等方面原有的社、乡界被打破，出现了社与社、乡与乡的合作。1962 年 9 月 27 日，中国共产党第八届中央委员会第十次全体会议通过的《农村人民公社工作条例修正草案》中，明确提出："农村人民公社是适应生产发展的需要，在高级农业生产合作社的基础上联合组成的。它在一个很长的历史时期内，是社会主义的互助、互利的集体经济组织，实行各尽所能、按劳分配、多劳多得、不劳动者不得食的原则。"1958 年 8 月 6 日，中共中央主席毛泽东在详细了解了碴岈山卫星公社的情况后表示："这带政权性质，既是经济组织，又是政治组织，实际上是基层组织，这叫政社合一。"1958 年底，我国农村全面实现了人民公社一元化治理体制。人民公社体制加强了对乡村社会的管理。在不断对乡村进行改造和建设的同时，政府还采用了一种整合乡村社会的独特方式——开展各种群众运动。轰轰烈烈的群众运动，显示了国家权威的张力。人民公社构建了总体性的乡村社会，其特征是：①国家垄断了包括农村生产资料、生活资料以及各种诸如谋生、发展和信息资源。②农村意识形态是总体性的，政治是高度意识形态化的，经济与其他社会生活是高度政治化的。③乡村精英的位置不再存在，国家直接面对农民。

土地改革后，国家不仅完成了行政组织在乡村的设立，更为重要的是中国共产党将党的组织建立在了村庄。村党支部建立后，即成为村庄真正的权力核心，村政的其他构成是党的权力的外延与辐射。党组织的一元化权力结构实现了乡村干部的同质化，从互助组的组长、初级社的社长和副社长、会计、农业委员、保管到高级社社长、乡村干部，基本符合以下特征：①贫苦出身，根正苗红。②革命性和政治意识形态化。③上级党组织的认可。

（二）乡村社会的组织与动员

向乡村派驻工作队是抗战时期党组织进行政治动员取得的成功经验，此后党组织在不同时期多次采取这种行之有效的方式，组织动员乡村社会。老解放区土改时，为了发动和帮助农民，党组织选派了大批土改工作队深入乡村、访贫问苦、宣传教育，主动与贫农交朋友，与他们同吃同住同劳动，引导农民意识到自己在受苦，认识到是群众翻身，而不是地主恩赐，从而发动农民亲自动手翻身，并在斗争中不给地主留面子。新解放区土改时，党组织继续派遣大批工作队成为政策的宣传者和执行者。在"四清"运动时期，党组织也派遣了工作队，有些地区派遣了工作团。"四清"运动后，乡村以政治整合替代社会整合的模式更加强化，成为革命时代国家调控基层社会权力的一种常规模式。

（三）乡村干部权威基础权力化

1949—1978年，国家对乡村社会实施大规模整合，铲除了封建族权，没收了公共族产，打击了土豪劣绅，乡村内生性地方权威赖以存在的基础消失了。这一时期的农会干部、乡村队干部、贫协干部和驻村工作队的权威以国家权力为基础，国家政治渗透到乡村社会的各个角度。为了整合乡村社会，国家在乡村中确立了干部录用标准：贫穷、忠诚、敢干。国家赋予了这种人权力，并且在运动中不断筛选能够坚决贯彻国家政权意志所需要的人物，使其成为乡村政治社会化的榜样和国家在乡村开展活动的信号，乡村干部权威基础权力化了。

（四）农民的组织性依附

人民公社集政治、经济、文化于一体，管理本辖区的生产建设、财政、贸易、民政、文教、卫生、治安、武装等一切事宜。它既是农村基层的政权机关，又是农村的经济单位。公社下设有若干个大队，尽管大队并不是一级行政单位，只是公社的核算单位，但是，在生产大队建立了党组织，所有工作都在大队党支部的领导下进行，大队党支部就代表着国家。而且，大队是一个拥有自己财产、收入、行政人员的组织。大队下面又设有若干个生产队，生产队拥有很多功能，它为农民提供了一个基本的生活框架，农民的生产、生活以及政治活动都是在这里开展。特别是，分配以生产队为单位，以社员劳动力的等级和劳动时间支付分配成果（主要是粮食），离开了生产队就意味着断绝了生活的来源。而且，在人民公社时期，国家不仅垄断了农民的"自由流动资源"，诸如土地、粮食、农副产品等，还切断了农民的"自由活动空间"，诸如参军必须由生产队、大队和公社推荐和政审，上学也必须由组织考察家庭成分，招工由生产队提名。更为重要的是户籍的二分法割断了农民在城乡的流动，农民陷入了政社合一的乡村组织中，对组织有着严重的依附。

农村集体化时代，农业农村经济发展受国家宏观经济计划调控，从事生产的农民其生产生活都具有严重的组织依附性，农业经济体制僵化，农民生产积极性不高，严重制约着农业农村发展。为了打破农村僵化的体制，调动农民的生产积极性，1983 年 1 月中央下发《当前农村经济政策若干问题》（又称 1983 年中央 1 号文件）后，全国农村普遍实行家庭联产承包责任制。农村实行家庭联产承包责任制后，对基层治理模式也进行了相应改革，撤销人民公社，恢复乡的建制，改生产大队为村、生产小队为村民小组，并构建具有中国特色的"乡政村治"乡村治理体制。

第二章

乡政村治体制及其治理基础

第一节　乡政村治体制概述

一、乡政村治体制的构建

（一）乡政村治的基本内涵

乡政村治的基本内涵是："乡政"是指乡镇一级政权，是国家依法设立在农村的最基层一级的政权组织，它行使国家对农村社会的管理权；"村治"是指村民委员会，是农村群众性自治组织。这是一种国家管理与村民自治相结合的有中国特色的乡村治理模式。

乡政村治相对于中国传统乡村治理模式和人民公社化时期的治理模式，具有以下特征：一是村民居于主体地位。传统中国乡村治理建立在主权在君而不是主权在民的政治合法性基础上，重在对村民的控制；传统社会乡村自治是乡绅主导的自治而非全体村民的自治。新中国成立后，人民成为了国家的主人，乡镇政府是建立在农村的基层人民政府；村民自治主体是村民，村民依托村民委员会以集体方式行使自治权。二是治理主体多元。传统乡村治理特别是人民公社体制以对乡村社会的管控为目标，采用自上而下的行政权力对乡村社会进行控制，治理主体单一。乡政村治体制是基层党组织、乡镇政府、村民委员会等主体协同对乡村社会实施共治共管。三是突出服务职能。乡镇人民政府与村民委员会不是上下级关系，乡镇政府为村民委员按照法律授权办理村内公共事务和公益事业，提供指导与服务，共同将乡村公共服务贯彻到乡村治理各个环节。

（二）乡政村治体制的形成

乡政村治体制形成于 20 世纪 80 年代。党的十一届三中全会后，我国农村以变革农村经营体制为切入点实施各项改革，全面实行家庭联产承包责任制。这项改革破除了"一大二公"的农业生产经营体制，依附于集体组织的农民成为生产经营的主体。由于家庭联产承包实行统分结合的经营体制，原来"三级所有，队为基础"的人民公社体制失去了存在的基础，农村经济社会不能再沿用人民公社体制管理，需要在农村重新构建治理体制。为了给农村社会发展提供组织保障，并构建与农村经营体制改革相适应的治理体制，1983 年在农村重新恢复乡镇政府，召开乡镇人民代表大会，恢复乡镇政权建制。1987 年全国人民代表大会常务委员会又通过了《中华人民共和国村民委员会组织法（试行）》，并于 1988 年开始试行，全国农村逐步建立村民委员会。随着乡镇政权的恢复和村民委员会的建立，构建了我国农村"乡政村治"的政治模式，并以此代替了人民公社模式。

我国土地改革结束到人民公社体制建立前，农村治理体制中也有乡政府、行政村，形式和称谓都与改革开放后乡、村一样，但"乡政村治"体制中的乡、村组织形式，不是对人民公社前的乡、村一种简单恢复，它的不同之处在于：一是乡镇政府由乡镇长负责制代替了过去的委员会制；二是村已经是农村基层群众性自治组织，而过去是基层政权的一部分，是乡政府的派出机构并接受其领导，是行政性的，故称行政村，一切听从乡政府的指挥，而现在则不然，乡、村之间是指导与被指导的关系。所以现行的乡、村组织是农村基层政权和村民自治的结合，并形成了农村的基本政治模式。

二、乡政村治体制运行机制

（一）乡镇政权及职权

我国政权层级中乡镇人民政府是县政府所辖制的一级政权，在整个国家行政体系中处于最低一级，是落实国家农村政策的最末梢一级行政执行机关。乡镇人民政府虽然是一级行政机关，却不具备完全政府功能，是个多职机构。乡镇人民政府具有如下特征：①政权机构设置不同。农村基层政权主要由权力机关——乡镇人民代表大会和行政机关——乡镇人民政府两部分组成。它不设司法机关，即不包括审判机关（法院）和检察机关，设在乡镇的法庭是人民法院的派出机构；县检察院一般未在乡镇设派出机构，乡镇公安的派出所逮捕人犯直接由县检察院审批。②权力机构职权的行使不同。乡镇人民代表大会不设常设机构，履行职权的主要活动方式和基本条件就是召开乡镇人民代表大会。只有开好了乡镇人民代表大会，才能真正发挥农村基层国家权力机关的作用。③行政机构的组成和地位不同。乡镇政府在乡镇长之下一般不设科、局、委、办等二级机构，除设政府办公室外，只设若干名助理员。机构设置不要求与上面对口，也就是说政府机关内的工作在助理员的协助下，由乡镇长直接管理。另外，由于乡镇政府中既没有人大常设机构，又没有司法机构，这就决定了乡镇政府在农村基层政权中的突出地位和作用。特别是乡镇人民代表大会一年只开一次会议，每次会议只开 1～2 天的情况下，乡镇政府在整个农村基层政权中至关重要。④对辖区的行政管理不同。省、自治区人民政府在必要的时候经国务院批准，可以设立若干行政公署，作为它的派出机关；县、自治县人民政府在必要的时候经省、自治区、直辖市的人民政府批准，可以设立若干区公所，作为它的派出机构；而乡镇政府之下一般不设中间层次。乡镇政府对辖区内的各种行政事务直接行使管理权。精简、效能和直接管理的原则乃是乡镇政权最基本的特征。

乡镇政府依法行使下列职权：①执行本级人民代表大会决议和上级国家行政机关的决定和命令，发布决定和命令。②执行本行政区域内的经济和社会发展计划、预算，管理本行政区域内的经济、教育、科学、文化、卫生、体育事业，以及财政、民政、公安、司法行政、计划生育等行政工作。③保护社会主义全民所有的财产和劳动群众集体所有的财产，保护公民私人所有的合法财产，维护社会秩序，保障公民的人身权利、民主权利和其他权利。④保护各种经济组织的合法权益。⑤保障少数民族的权利和尊重少数民族的风俗习惯。⑥保障宪法和法律赋予妇女的男女平等、同工同酬和婚姻自由等各项权利。⑦办理上级人民政府交办的其他事项。

（二）村民委员会及其职责

村民委员会是依法设立的群众性自治组织，按照国家法律的授权办理本村的公共事务和公益事业。1998 年 11 月 4 日第九届全国人民代表大会常务委员会第五次会议通过，2010 年 10 月 28 日第十一届全国人民代表大会常务委员会第十七次会议修订，根据 2018 年 12 月 29 日第十三届全国人民代表大会常务委员会第七次会议《关于修改〈中华人民共和国村民委员会组织法〉〈中华人民共和国城市居民委员会组织法〉的决定》修正的《中华人民共和国村民委员会组织法》（以下简称《村民委员会组织法》）对村民委员会的性质、设立及职责等均作出了具体的规定。其中，第二条规定：村民委员会是村民自我管理、自我教育、自我服务的基层群众性自治组织，实行民主选举、民主决策、民主管理、民主监督。村民委员会办理本村的公共事务和公益事业，调解民间纠纷，协助维护社会治安，向人民政府反映村民的意见、要求和提出建议，村民委员会向村民会议、村民代表会议负责并报告工作。第三条规定：村民委员会根据村民居住状况、人口多少，按照便于群众自治，有利于经济发展和社会管理的原则设立。村民委员会的设立、撤销、范围调整，由乡、民族乡、镇的人民政府提出，经村民会议讨论同意，报县级人民政府批准。村民委员会可以根据村民居住状况、集体土地所有权关系等分设若干村民小组。

村民委员会还依法履行以下职责：①支持和组织村民依法发展各种形式的合作经济和其他经济，承担本村生产服务和协调工作，促进经济发展；依法管理本村属于村民集体所有的土地和其他财产；引导村民合理利用自然资源，保护和改善生态环境；尊重并支持集体经济组织依法独立进行经济活动的自主权，维护家庭承包经营为基础，统分结合的双层经营体制，保障集体经济组织和村民、承包经营户、联户或者合伙财产权和其他合法权益。②宣传宪法、法律、法规和国家的政策，教育和推动村民履行法律规定的义务、爱护公共财产，维护村民的合法权益，发展文化教育，普及科技知识，促进男女平等，做好计划生育工作，促进村与村之间的团结、互助，开展多种形式的社会主义精神文明建设活动；支持服务性、公益性、互助性社会组织依法开展活动，推动农村社区建设；教育和引导各民族村民增进团结、互相尊重、互相帮助等。

（三）乡政村治运行机制

乡镇政府与村民委员会，不是上下级行政隶属关系。乡镇人民政府依法行使行政职权，管理本行政区内的行政事务，对村民委员会按照法律授权办理自治事务给予支持和指导，但不得干预村民的自治事务；村民委员会按照法律法规的规定协助乡镇政府管理本村范围内的行政事务。乡政村治体制与人民公社时期政社合一体制相比较，则有利于调动各方力量积极参与乡村治理；与"撤社建乡"初期乡镇政府直接领导村委会相比较，有利于促进村级民主管理，也为乡镇政权民主建设奠定了群众基础。

乡政村治体制既包含了我国传统乡村治理模式中合理的部分，又充分发挥了社会主义制度的优越性，是具有中国特色的乡村政治制度。其运行机制为：一是领导体制。乡镇人民政府和村民委员会接受基层党组织的领导，依法行使行政管理职权、按照法律法规授权办理自治事务。乡镇行政区内的重大事项，如区内经济社会发展规划等，由乡镇政府提出，乡镇党委审定，乡人大审议决定；村内的自治事务，由村党支部提出，村民委员会研究决定，村民代表大会或村民大会审议决定。二是乡镇人民政府行政职权。乡镇人民政府依照《宪法》和《地方各级人民代表大会和地方各级人民政府组织法》对本行政区行使行政管理职权，对本行政区内各村民委员会自治给予指导和支持，保障村民自治健康有序发展。三是村民自治。村民委员会在乡镇人民政府指导下，按照国家和地方相关法律法规授权办理本村公共事务和公益事业，包括公共产品的供给和管理、民间纠纷调解、发展村集体经济和管理村集体财产等，同时完成乡镇人民政府在履行本行政区行政管理职权时，委托村民委员会办理的相关行政事务。

三、乡政村治体制评析

（一）推动了农村基层治理的发展

乡政村治使得国家政权组织与农村社会关系有了一种组织化、具体化的特定表现形式，推动了农村基层治理发展。

首先，乡政村治体制明确了农民主体地位。我国历史上乡村政治的基本单元是家庭，个人不是政治关系的权力主体。1949 年中华人民共和国成立后，逐步建立的以马克思列宁主义为国家意识形态、以公有制为基础、高度集中的计划经济体制为特征的治理结构，农民只是参加集体劳动并按劳动业绩获取报酬的劳动者，虽然享有当家做主的权力，但权力主体地位模糊。农村经济体制改革后形成于 20 世纪 80 年代的"乡政村治"体制，乡镇人民政府作为最基层政权，行使对本行政区域的管理职权，指导并支持村民按法律授权依托村民委员会以集体方式行使自治权，明确了村民在政治关系中的主体地位：一是生产经营主体地位。实行家庭联产承包制后农民承包土地的合法经营活动不受任何机构、任何人控制，完全自主，农民成为自主参加市场竞争的主体。二是乡村治理主体地位。村民自治主体是村民，村民以集体方式行使自治权。村民委员会是依法设立的群众性自治组织，执行村民代表大会或村民大会的各项决议，每位村民都参与村里的公共事务和公益事业的民主决策。

其次，促进了乡村治理权力结构合理化。乡政村治构建了乡镇政府、相关部门与村民委员会共治共管的治理机制，既能提高乡村治理效率，又可节约治理成本。国家将农村基层政权设到乡镇一级有利于对乡村的管理和控制，但与人民公社体制对乡村实施全面管理不同，乡镇人民政府依法行使行政管理职权，不直接参与村级自治事务，只对村民委员会给予指导和支持。村民委员会按照国家法律授权办理村内各项公共事务和公益事业，同时向乡镇政府反应群众的利益诉求。乡镇政府只依法行使行政管理权，将村内公共事务和公益事业交由村民委员会办理，乡村治理权力不再仅仅由政府掌握，而是由政府部门和村民各自依法行使治理权力，乡村治理权力结构更加合理。

最后，促进乡村治理民主化进程。乡政村治理体制有利于乡村社会治理的民主化。村民自治是具有中国特色的基层民主制度，在这一民主模式中，村民可以行使包括民主选举、民主决策、民主管理和民主监督在内的各项民主权利。产生于 20 世纪 80 年代的村民自治制度经过近 40 年的发展，在农村基层党组织领导下，形成了较为完善的乡村民主制度体系。村民民主选举的实体是村民选举委员会，在选举期间是有关选举的权力机构，讨论决定有关选举事项，保证民主选举有安全、公正的环境；民主决策的实体是村民会议或者村民会议授权的村民代表会议，在重大村务决策及管理上具有最高的权威，保证涉及的村民利益不受侵犯；民主管理的实体是村民委员会，是村民以集体方式行使自治权的组织载体，是村民会议的常设机构，负责管理村日常事务；民主监督的主体是全体村民。村民自治制度不断完善，促进了乡村治理民主化。

（二）乡政村治体制有待完善

乡政村治体制推动了我国乡村治理的发展，然而自实行乡政村治体制以来，人们有关乡政村治体制存在不足的讨论从来就没有停止过。一是乡村之间依然存在管理与被管理关系。《宪法》规定，乡、民族乡、镇政府执行本级人民代表大会的决议和上级国家行政机关的决定和命令，管理本行政区内行政工作。既然乡镇人民政府管理本行政区内的各项行政工作，就有权向本行政区内的村民委员会布置有关行政任务，并要求其完成，这实际构成了乡村的上下级关系。另外，乡镇政府干部因相关任务要接受上级的考核，而且这个考核与其升迁有关，导致乡镇干部强化对村民委员会管控和村级事务的干预。二是单纯强调村民自治。根据《中华人民共和国村民委员会组织法》第二条规定：村民委员会是村民自我管理、自我教育、自我服务的基层群众性自治组织，实行民主选举、民主决策、民主管理、民主监督。村民委员会按法律授权办理村内事务，乡镇政府不得随意干预。但村民自治实践中有少数村民委员会过度解读村民自治法，单纯强调村级治理的自主性，不服从乡镇政府依法履行对行政区内行政事务的管理职权，导致乡村沟通协调不畅。如个别村民委员会为本村的利益或个别村干部个人的利益，用各种合法或非法的手段，摆脱乡镇政府的管理，有的甚至组织群众上访，制造群体事件，危害社会秩序。另外，乡镇政府履行职权也存在缺位现象。由于乡镇政府调动村民委员会和村干部工作积极性的手段不多，个别乡镇干部不愿意过问村里的事务，担心干预多了会影响村干部的积极性，甚至对村干部在处理村事务、实施政府项目中牟取不正当利益的行为也睁只眼闭只眼，不依法监督管理。三是制度建设有待加强。乡政村治体制乡村之间没有上下级关系，乡镇人民政府对村民自治要给予指导、支持和帮助。由于乡镇政府指导村民自治只是原则性规定，没有相应制度安排，乡镇政府指导村民自治，不同地区做法不尽相同。目前较为普遍的做法是乡镇政府选派驻村干部，但驻村干部工作职责和程序并没有统一的制度。随着乡村振兴的不断推进，农村社会结构也在发生变化，根据新时代乡村社会的特征，完善乡政村治制度体系，确保乡村社会有效治理，是今后一定时期内加强乡村治理的重要任务之一。

第二节　新时代的乡政村治体制

党的十九大提出实施乡村振兴战略，是以习近平总书记为核心的党中央着眼党和国家事业全局，对"三农"工作作出的重大决策部署，是新时代"三农"工作总抓手。推进乡村振兴要按照"产业兴旺、生态宜居、乡风文明、治理有效、生活富裕"的总要求，统筹推进农村经济建设、政治建设、文化建设、社会建设、生态文明建设和党的建设，加快推进乡村治理体系和治理能力现代化，加快推进农业农村现代化。新时代乡村治理体系和治理能力建设，要在深入分析乡村社会结构新特征、村民生活新需求和乡村发展新任务的基础上，创新治理理念，构建乡政村治新格局。

一、乡村社会新特征

（一）乡村常住人口老龄化

全球范围看，任何国家和地区在发展过程中都会遇到农村衰退，甚至村落终结的问题。我国开启建设中国特色社会主义现代化国家征程，也存在农村人口外流严重、常住人口老龄化问题。改革开放以来，我国大力推进城市化、工业化建设，打破城乡"二元结构"，农村不再是相对封闭的社会空间，大量农村人口流向城市，农村人口占总人口的比例快速下降，城市化率提高。据《湖南年鉴》统计，2011 年末湖南省农村人口占全省人口 56.70%，2015 年其农村人口占全省人口 49.11%，2019 年末其农村人口占全省人口 42.78%。2011—2019 年，湖南省农业人口占总人口的比例下降了 14 个百分点。导致农村人口下降的主要原因有两点，一是第二、三产业发展，大批农村劳动力转移到第二、三产业，二是城市化对农村人口产生强大吸纳力，有一些老年人口进城与子女一起生活，还有部分小孩随父母到城里上学。

农村青壮年劳动力转移到城镇，农村常住人口以老年人为主，致使经济社会发展缺乏主力军。如张家界武陵源区白虎堂村，原有 213 户，606 人，2020 年末仅有 37 户，103 人住在村里。由于村里农业劳动力外流，导致农业粗放经营，还有大批土地撂荒，无人耕种，成了名副其实的"空心村"。又如湘潭县花石镇铜锣村，全村 1 810 人，常年在外打工的有 980 余人，50 岁以下的均在外务工，农业生产主要靠 50—70 岁的农民。我国地域辽阔，区域经济发展不平衡，农村人口变化呈现不同特征。如西部欠发达地区农村人口流失远比东部地区严重，东部地区少数县域经济发展好、城乡融合程度高的县（市），其农村人口不仅没有减少，而且还有所增加。目前，我国的工业化和城镇化建设整体上进入后期发展阶段，发展速度放缓，开始由重发展进度转变为发展速度和发展质量并重的高质量发展时期，劳动生产率也大幅度提升，国家建设对农村劳动力的需求会减少，但对其综合素质的要求则提高了。

（二）乡村社会结构复杂化

费孝通先生使用社会结构分析法分析和解剖中国传统社会时，为区分现代社会和传统社会提出了"团体格局"和"差序格局"的概念。他认为"团体格局"像田里捆柴，西洋的社会有些像我们在田里捆柴，几根稻草束成一把，几把束成一扎，几扎束成一捆，几捆束成一挑。每一根柴在整个挑里都属于一定的捆、扎、把。每一根柴也可以找到同把、同扎、同捆的柴，分扎得清楚不会乱的。在社会，这些单位就是团体，常常由若干人组成一个个团体。团体是有一定界限的，谁是团体里的人，谁是团体外的人，不能模糊，一定分得清楚。在团体里的人是一伙，对于团体的关系是相同的，如果同一团体中有组别或等级分别，那也是先规定的。"团体格局社会结构特点是个人主义，在个人主义下，一方面是平等观念，指同一团体中分子的地位相等，个人不能侵犯大家的权利；一方面是宪法观念，指团体不能抹杀个人，只能在个人所愿意交出的一份权力上控制个人。费孝通先生认为传统中国的乡土社会"差序格局"社会结构，是以"血缘"和"地缘"为纽带的圈子社会："我们的格局不是一捆一捆扎清楚的柴，而是好像把一块石头丢在水面上所发生的一圈圈推出的波纹。每个人都是社会影响推出去的圈子的中心。被圈子波纹所推及的就发生联系，每个人在某一时间某一点所运用的圈子是不一定相同的。"差序格局结构的社会的特点是以"己"为中心的自我主义，人与人之间的关系不是对等的，而是讲究人伦。

新中国成立后人民真正成为国家的主人，国家通过土地改革等政策措施强力整合乡村社会。其中最主要的是农民与土地的关系发生了根本性变化，农民按人均分得属于自己的土地，此后实施的土地集体化，包括实行家庭联产承包责任制，也只是经营方式调整，农民仍然以集体方式对土地享有平等的所有权。1987年《中华人民共和国村民委员会组织法（试行）》颁布，乡村自治步入法治化道路。随着农村市场经济体系不断完善，农村家庭小型化，传统大家庭观念淡化，乡村内部诸多要素结构发生改变，村民与外部世界的联系和交往日益频繁，资源聚集与人员交流也日益增强，乡村已是一个复杂的社会系统。其表现为：一是乡村人员关系结构复杂化。按照费孝通先生的社会结构分析法来看，我国乡村社会整体上已团体化。但是我国农村地域辽阔，农村经济社会发展水平差异很大，乡村社会结构演变速度不完全相同，在一定范围内还存在差序结构。如在传统自然村落中仍然存在由一个宗族或某一个宗族的一个分支组成的宗族村，血缘关系在村（庄）治理中仍然发挥很大作用。另外，因地缘而形成的熟人社会在一定范围内也还存在。如以村民小组为团体展开的生产活动互相帮助、婚丧婚娶、礼尚往来等，也形成了一个以村民小组长为核心，有别于团体结构的熟人社会。二是乡村社会分层结构复杂化。我国在农村改革开放之前乡村社会分层结构相对简单。实行家庭联产承包责任制激发了农民的生产积极性，创造出了更多的社会财富，为农村社会分层奠定了坚实的物质基础，使得家庭成为独立的生产单位，因此具有了初步的资金基础。很多农业劳动者成为愿意离开农业生产的剩余劳动力，也有相当部分农民坚守在农村从事非农产业或继续从事农业生产。由于部分农民拥有了自主创业的资本，加上农村劳动力就业观念的分化，农村社会发展日益复杂。从农村转移到城市从事第二、三产业的农民，一部分成为了市民，一部分成为了农民工。而在农村的农民因自身综合素质、经营管理能力、涉及的产业等不相同，分层明显。有的成了私营业主、农村管理者，有的成了个体工商户、技能型人才，还有相当部分农民从事纯农业劳动。

二、村民美好生活新需求

（一）物质生活需求升级

党的十八大以来农村居民人均可支配收入年增长 9.3%，2020 年达到 17 131 元。2020 年农村居民人均消费支出 13 713 元，比上年增长 2.9%。随着农村人均消费支出增长，农村居民对消费物品种类和质量提出了新的更高的要求。一是健康营养食品消费增加。农村居民生活保障向营养健康等高层次转变，吃讲究质量好而且安全，城市居民日常消费的牛奶、水果等也逐步进入农村消费市场。二是耐用消费品需求增加。农村改革后居民住房基本重建了一次，农村住房条件得到根本改善，日常出行交通工具继摩托车普及后又向家庭乘用汽车升级。目前我国已全面建成小康社会，农民收入还将持续增长，城乡居民物质生活消费水平差距也将逐步缩小。2020 年，我国居民恩格尔系数为 30.2%，其中城镇为 29.2%，农村为 32.7%，两者差距进一步减小。

（二）人居环境需求

农民物质生活得到保证后对人居环境又有了新的要求，农民希望建设既有现代文明，又有田园风光的农村人居环境。我国农村人居环境建设取得一定成绩，特别是实行工业反哺农业、城市支持乡村政策以来，农村人居环境得到了极大的改善。虽然农村人居环境得到较大的改善，但与农民需求相比还有差距。一是农村生活配套设施建设还需加强。根据农业农村部相关资料，截止到 2020 年，全国 99.7% 的自然村通公路、通电、通电话，自来水、天然气、宽带网等也进入农村，但在使用质量、维护管理等方面还满足不了农村居民的需求。二是农村生态环境建设与管理滞后。据初步统计，全国 90% 的村庄开展了清洁行动，对村庄的生活垃圾、村沟村塘、村内残垣断壁进行清理，生活污水乱排、生活垃圾乱倒的现象基本得到管控，村容村貌得到明显改观，村民维护环境卫生的自觉性增强。但农村生活污水、垃圾无害化处理普及度不高，发展也不平衡。如东部地区 19.55 万个行政村中对生活污水进行处理的村占 28.19%，有 82.07% 的村对生活垃圾进行处理；中部地区 17.21 万个行政村中对生活污水进行处理村占 14.8%，有 51.91% 的村对生活垃圾进行处理。目前，农村生活污水和垃圾处理普遍存在农民居住分散收集困难、处理设施建设滞后、运行成本高等问题。党中央将"厕所革命"作为乡村振兴战略和农村生态文明建设的重要内容。近年来，各级政府投入专项资金支持农民新建和改造厕所，农村厕所普及率大幅提高，清洁卫生的厕所使用率虽然有所增长，但提升空间还很大。截至 2020 年底，农村卫生厕所普及率只有 60％。这些问题有待于今后乡村建设加以解决。

（三）文化生活需求

我国农耕文化发展历史悠久，在长期生产实践中集儒家文化、各类宗教文化于一体，形成了包括语言、戏剧、民歌、风俗及各类祭祀活动等广泛的文化类型。这些传统文化极大地丰富了农民的文化生活、精神生活，是中华民族的精神力量。然而随着工业化、城市化建设的推进和市场经济的发展，农村文化呈现衰落趋势，挖掘、整理、传承并发展传统文化，不仅是乡村治理的需要，更是农民文化生活的需求。近年来，各级政府加强了农村综合文化设施和场地建设，如广播电视由"村村响"向"户户通"升级、完善公共体育服务体系和兴建农民文化礼堂、文化长廊、村民文化广场等。积极引导农民利用业余时间开展狮子、旱船和腰鼓表演等群众性文体娱乐活动，形成了人人参与、共建共享的浓厚文化氛围。鼓励创作人员结合"三农"题材，挖掘地方特色，创造示范性、导向性、影响力大的原创作品，丰富文化产品。乡村各类艺术团体深入农村体验生活，采风创作，推出许多反映乡村振兴实践中农民生产生活实践的优秀文艺作品，并参与惠民演出，送戏下乡。农村文化艺人和业余文艺爱好者也积极参与乡村文化事业，农忙时从农，农闲时从艺，传承发展戏曲艺术，引导农民移风易俗，促进乡风文明，树立尊老爱幼、邻里互助、丧事简办、热心公益等文明新风。在政府和社会共同努力下，农村文化衰落的趋势得到有效控制，但工业化、城市化进程将年轻农民吸引到城市，农村人口持续减少并出现"空心村"，一些低俗的不良风气和消极思想很容易乘虚恶化村风民俗。因此，乡村文化振兴任重道远，还需不断挖掘整理传承优秀的传统文化，不断创新乡村文化产品和供给方式，满足乡村文化需求。

（四）自治权力的需求

自《中华人民共和国村民委员会组织法》实施以来，全国农村普遍实行民主选举村委会并按时举行换届选举活动，建立了实施民主决策的村民代表会议或者村民会议制度，设立了保障民主监督的村民理财小组、村务公开小组等。总体而言，农村村民自治制度体系初步确立，村民自治权力在一定程度上得到实现，但是，在村民自治实践中村民行使自治权仍然存在诸多困境和问题。一是农民话语权小。农村实行家庭联产承包责任制后，农民又回到了"自给自足"的小农经济时代，农民长期分散的"原子化"状态无法汇聚成合力，在参与村民自治过程中产生的影响有限。二是村委会行政化倾向。《村民委员会组织法》将村委会定义为"村民自我管理、自我教育、自我服务的基层群众性自治组织"。村民委员会是村民以集体方式行使自治权的组织载体，其办理自治事务接受乡镇政府的指导、支持，乡镇政府与村委会不属于上下级关系，但实际运作过程中村委会承担了过多的行政任务，没有全权代表村民自治利益。三是非正式制度的影响。目前，农村社会结构复杂化，影响村民自治的非制度因素较多，其中最为突出的主要是两个方面：一方面，农村在一定范围内还受以血缘为纽带的熟人社会的影响，宗族、家族利益制约着村民合理表达个人意志；另一方面，农村黑恶势力采取不正当手段干扰村民合理表达个人意志。由于上述原因，村民自治权得不到根本保障，存在着民主选举形式化、民主决策表面化、民主管理不规范、民主监督缺失和乡镇干部对村民自治不当干扰等侵害村民自治权的现象。要保障村民自治权力，加强村民自治文化教育，培育村民依法自治和民主决策的意识，必须完善村民自治相关法律制度，并理顺乡镇政府和村民委员会的关系，研究安排相应制度，同时建立乡村法律援助服务机制，确保村民自治权力和其他权利。

三、乡村发展新任务

（一）农业农村优先发展

2017 年 10 月，习近平总书记在党的十九大报告中开创性地提出"实施乡村振兴战略"，强调农业、农村、农民问题是关系国计民生的根本问题，必须始终把解决好"三农"问题作为全党工作的重中之重，并首次提出"要坚持农业农村优先发展"。习近平总书记审时度势，站在新的历史方位，基于发展事实，结合发展阶段提出"要坚持农业农村优先发展"，是我国新时代农业农村工作的总方针，是各级党委政府谋划发展的基本遵循，这一意念影响深远，意义重大。一是有利于解决新时代的各种矛盾和问题。党的十九大开启了我国全面建设社会主义现代化国家新征程，并明确提出到新中国成立一百年时，基本实现现代化。显然，现代化是中国特色社会主义事业发展的总目标和最终要求。没有农业农村的现代化，就没有国家的现代化。而我国现阶段城乡发展不平衡，农村发展不充分。坚持农业农村优先发展是解决这个不平衡、不充分的根本之策，是建设社会主义现代化国家的必由之路。此外，在当今经济下行压力加大，外部环境发生深刻变化的复杂形势下，坚持农业农村优先发展才能稳住"三农"这个基本盘，发挥"三农"压舱石作用。二是抓住了新时代处理城乡关系的关键。从全球范围来看，任何国家和地区在发展过程中都会遇到农村衰退，甚至村落终结的问题，都需要不断处理城乡协调发展的关系。如美国、欧盟等西方发达经济体采取立法规划、完善基础设施、发展农村特色产业，促进农业提质增效，以及通过加大农村教育投入等综合性政策手段遏制乡村衰退。日本、韩国等东亚经济体针对乡村衰退问题，先后实施"造村运动"和"新村建设"，推行乡村复兴。我国在开启建设中国特色社会主义现代化国家新征程，同样也存在农业农村发展滞后的问题。自新中国成立以来，中国共产党带领全国各族人民围绕"工业化""城镇化"从经济体制改革入手，全面深化经济、政治、文化、社会、生态文明体制和党的建设制度等一系列重大改革，经济社会发展水平不断提高，并且全面建成了小康社会。但农业农村发展仍然面临着许多的矛盾和问题，如农产品质量安全得不到保障、农业竞争力低下、农村劳动力外流、产业凋敝、文化不兴、村庄空心化以及生态环境恶化等问题不断加剧。要解决这些问题必须重新思考城乡发展的关系，调整经济社会发展的总方针。坚持农业农村优先发展是我国经济社会发展的实践总结和理论创新，为城乡融合发展提供了理论支持。

2018 年 1 月，中央 1 号文件对实施乡村振兴战略提出了具体指导意见，将"坚持农业农村优先发展"列为乡村振兴战略的基本原则之一，并明确提出了"四个优先"，即在干部配备上优先考虑，在要素配置上优先满足，在资金投入上优先保障，在公共服务上优先安排。干部配备优先考虑就是要优先考虑"三农"干部配备，选好配强"三农"干部，把优秀干部充实到"三农"战线，注重提拔熟悉"三农工作"的干部充实到各级党政班子，选优配强市县党委政府分管负责同志、农口部门主要负责同志，建立"三农"干部队伍培养、配备、管理、使用机制；要素配置优先满足就是优先"三农"发展要素，破除妨碍城乡要素自由流动，平等交换的体制机制壁垒，改变农村要素单向流出格局，推动要素向农村流动；资金投入优先保障就是优先保障"三农"资金投入，把农业农村作为财政优先保障领域和金融优先服务领域，公共财政更大力度向"三农"倾斜，县域新增贷款主要用于支持乡村振兴，地方政府债券资金安排一定比例用于支持农村人居环境整治、村庄基础设施建设等重点领域；公共服务优先安排就是优先安排农村公共服务，推进城乡基本公共服务标准统一、制度并轨，实现从形式上的普惠向实质上的公平转变。这"四个优先"就是将"坚持农业农村优先发展"落地落实。

（二）全面推进乡村振兴

实施乡村振兴战略，是全面建设社会主义现代化强国的历史任务，是新时代做好"三农"工作的总抓手。推进乡村振兴要坚持农业农村优先发展，按照"产业兴旺、生态宜居、乡风文明、治理有效、生活富裕"的总要求，建立健全城乡融合发展体制机制和政策体系，统筹推进农村经济建设、政治建设、文化建设、社会建设、生态文化建设和党的建设，加快推进乡村治理体系和治理能力现代化，加快推进农业农村现代化，走中国特色社会主义乡村振兴道路，让农业成为有奔头的产业，让农民成为有吸引力的职业，让农村成为安居乐业的美丽家园。

全面推进乡村振兴，就是大力推进产业振兴、人才振兴、文化振兴、生态振兴、组织振兴。产业振兴就是要夯实农业生产能力基础，加快农业转型升级，提高农产品质量安全水平，建立现代农业经营体系，强化农业科技支撑，完善农业支持保护制度，推动农村产业深度融合，完善紧密型利益联结机制，激发农村创新创业活力等。人才振兴就是全面建立职业农民制度，培养新一代爱农业、懂技术、善经营的新型职业农民，优化农业从业者结构，加大"三农"领域实用专业技术人才培育力度，提高农村专业人才服务保障能力，以乡镇为纽带引导和支持企业家、党政干部、专家学者、医生教师、规划师、建筑师、律师等符合要求的公职人员回乡投身乡村建设。文化振兴就是坚持以社会主义核心价值观为引领，持续推进农村精神文明建设，提升农民精神风貌，倡导科学文明生活，不断提高乡村社会文明程度，立足乡村文明，汲取城市文明及外来文化优秀成果，在保护传承基础上，创造性转化，创新性发展，不断赋予时代内涵，丰富表现形式，为增强文化自信提供载体，推动城乡公共文化服务体系融合发展，增加优秀乡村文化产品和服务供给，活跃繁荣农村文化市场，为农民提供高质量的精神营养。生态振兴就是牢固树立和践行"绿水青山就是金山银山"的理念，坚持尊重自然、顺应自然、保护自然、以环境友好和资源永续利用为导向推动形成农业绿色生产方式，实现投入品减量化、生产清洁化、废弃物资源化、产业模式生态化，提高农业可持续发展能力，以建设美丽宜居村庄为导向，以农村垃圾、污水治理和村容村貌提升为主攻方向，开展农村人居环境整治行动，全面提升农村人居环境质量。大力实施乡村生态保护与修复重大工程，完善重要生态系统保护制度，促进乡村生产生活环境稳步改善，自然生态系统功能和稳定性全面提升，生态产品供给能力进一步增强。组织振兴就是以农村基层党组织建设为主线，突出政治功能，提升组织力，把农村基层党组织建设成为宣传党的主张、贯彻党的决定、领导基层治理、团结动员群众、推动改革发展的坚强战斗堡垒。重点健全以党组织为核心的组织体系，加强农村基层党组织带头人队伍建设，加强农村党员队伍建设，强化农村基层党组织建设责任与保障。

四、乡政村治新格局

乡政村治体制作为具有中国特色的乡村治理模式，自 20 世纪 80 年代形成以来，在乡村基层社会治理实践中不断完善和发展。中国特色社会主义进入新时代，乡村经济社会发展呈现新特点，在推进乡村治理体系和治理能力现代化的进程中，乡政村治体制也构建了具有时代特征的新格局。

（一）乡村治理新理念

1. 从乡村管理到乡村治理。社会管理是对社会生活的运转机制进行规划、指导、组织、调节和控制的总称。"管理"一词最早见于经济学，其基本意义是指生产过程中对人、财、物的处理和运用，后来逐渐为社会学、行为学所运用。社会治理是政府、社会组织、企事业单位、社区及个人等多种主体通过平等合作对话、协商沟通等方式，依法对社会事务、社会组织和社会生活进行引导和规范，最终实现公共利益最大化的过程。英文中的"治理"（governance）一词，其词根源于古希腊语的词根 gov-，其意为驾船、行舟，后引申为控制、引导和操纵的行为或方式。有人误认为治理的概念完全来自西方，其实在中国古代就已经出现"治理"一词，比如《荀子·君道》中就说："明分职，序事业，材技官能，莫不治理，则公道达而私门塞矣，公义明而私事息矣。"不过，将"治理"纳入社会科学研究并形成新的治理理论框架的则是 20 世纪 80 年代末、90 年代初以来的世界银行、联合国有关机构等国际组织。社会管理和社会治理主要有三个方面的差别：一是主体不同。管理的主体是政府，治理的主体除了政府之外，还包括社会组织和个人，政府不再只是治理的主体，也是治理的对象；社会不再只是治理对象，也是治理主体。二是权源不同。政府的管理权来自权力机关的授权，治理权中的相当一部分由人民直接行使，如自治、共治。三是运作不同。管理的运作模式是单向的、强制的、刚性的，管理行为的合法性常受到质疑，其有效性常难保证；治理运作模式是复合的、合作的、包容的，治理行为的合理性受到更多重视，其有效性大大增加。

自 2002 年党的十六大到 2012 年党的十八大的十年时间，中央对社会建设一直采用的是"加强社会管理"的话语体系。"社会管理"作为一个独立的概念首次见于党的十六大报告，"社会管理"开始作为一项基本政府职能而得到重视。党的十六届五中全会提出按照"生产发展、生活富裕、乡风文明、村容整洁、管理民主"的要求，扎实推进社会主义新农村建设。从 2013 年党的十八届三中全会起，"社会治理"一词全面取代"社会管理"而出现在中央最高规格的文件上。2017 年 10 月党的十九大率先提出实施乡村振兴战略，按照"产业兴旺、生态宜居、乡风文明、治理有效、生活富裕"的总要求推进乡村振兴。由"管理民主"到"治理有效"是政策传承和治理理念创新在新乡村治理引领下，乡政村治的权力结构、运行机制、治理内容均进行调整，治理效能更高。

2. 乡村治理主体多元。在乡政村治体制形成时，我国农村还没有摆脱计划经济观念和体制的影响，农村社会相对封闭，经济发展水平低，基层民主政治建设才起步，乡村社会秩序主要由乡政府依托村委会自上而下的管理和调控。随着改革的不断深入和工业化、城市化推进，城乡"二元结构"被打破，乡村社会由闭塞到开放、由简单到复杂，特别是法治乡村建设和基层民主制度的完善，乡村权力结构也不断调整。中国特色社会主义进入新时代，乡村社会呈现许多新的特征，治理理念也发生重大变化，乡村治理主体由单一到多元，运作模式由单向到互动。首先是治理主体多元化。在乡政村治总体架构不变的情况下，乡镇行政区域内治理主体不再只有乡镇人民政府和村民委员会，而是在基层党组织领导下，乡镇人民政府、村民委员会，各种社会组织和村民广泛参与、协同治理。其次，运行更加流畅有效。在基层党组织的领导下，乡镇人民政府、村民委员会、各类社会组织等主体协调工作、共同治理，形成了依法高效的乡村治理机制。一是乡镇人民政府严格按法律规定行使职权。乡镇政府由自上而下对乡村社会实施控制的管理主体转变成了治理主体，同时也是治理对象，乡镇政府既要依法行使乡村治理职权，同时也要接受乡村社会的监督。二是村民委员会依法办理村民自治事务。村民委员会作为群众性自治组织，必须按照国家法律法规授权组织村民自治，并严格遵守村内各项规章制度，维护村民利益，及时向乡镇政府反应村民的利益诉求，代表和组织村民对乡镇的工作实施监督。村民委员会作为村民集体行使自治权的组织载体，其办理各项自治事务应主动接受全体村民的监督。三是农村经济组织、行业协会、民间组织等参与乡村治理。各类经济组织、社会组织不仅是治理对象，同时也是治理主体。这些组织在村民委员会这一群众自治平台上参加村内自治活动，实行完全的民主选举、民主决策、民主管理和民主监督，不承担行政任务，是完全意义的群众自治。

3. 突出做好乡村公共服务。 2006 年我国全面取消农业税，在这之前我国乡村治理以管控乡村社会秩序为主要任务，对乡村只取不予，或多取少予，乡村社会公共服务水平很低。全面取消农业税后，国家对农村实行只予不取，并逐步加大对民生事业的投入，以改善民生。中国特色社会主义进入新时代，社会主要矛盾已经转化为人民日益增长的对美好生活的需要和不平衡不充分的发展之间的矛盾。国家的基本职能也随着社会主要矛盾的变化而变化，政府管理职能逐渐缩小，社会服务职能进一步扩大和增强；而且，国家在行使社会治理职能的内容和方式上，更多地满足人民日益增长的对美好生活的需要，提供更多的基本公益服务，体现更多以人民为中心的公共服务意识。新时代乡村治理主要内容也随着社会主要矛盾转变而变化，以为广大农民提供优质公共服务，增强农民的安全感、获得感、幸福感，作为重要治理任务。我国农村土改以后按照经济体制要求，把农民组织到高级农业合作社、人民公社体系里，逐步形成二元经济社会结构体制。这种二元经济社会结构限制了农业、农村、农民的发展，城乡发展不对称，特别是农村道路、通信、卫生、教育、养老等公共设施设备和物品的供给严重不足，远落后于城市。改革开放以来，为了破除城乡"二元结构"，我国先后实施城乡统筹发展和城乡融合发展战略，并实行工业反哺农业、城市支援乡村，农村公共服务水平有了很大提高，但是由于历史和许多客观原因，城乡仍然存在较大差别，特别是公共物品供给欠账很多。城乡发展不对等，城市公共物品供应水平高于乡村，是发展不平衡、不充分的重要领域。为解决城乡发展不平衡的问题，习近平总书记指出，要坚持农业农村优先发展，这是我国新时代农业农村工作的总方针。各级政府要在这个方针指引下，优先向农村配置人才、资金等资源，着力改善和保障民生，提高乡村公共服务水平。因此，新时代乡政村治体制治理内容要将乡村公共服务放在突出位置，要深入研究农民对公共服务的需求，并不断丰富公共产品供给，确保广大农民共享改革开放成果。

（二）乡村治理新体系

中国是传统农业大国，农业文明底蕴深厚。传统中国乡村社会治理形成了两大重要的乡村社会治理资源。一是悠久的乡村自治传统，二是突出的道德教化功能。传统乡村是个封闭的社会空间，是人与人的关系有远近亲疏之别的"差序化"社会，崇尚儒家文化，以"礼"为核心，凡事从人伦出发，以"礼"为规范、以教化为手段的乡村"自治"与"德治"相结合的治理体系。新中国成立之初的土地改革，特别是人民公社时期对乡村社会的整合，农民高度组织化，传统文化受到批判，形成了自上而下行政主导一切的治理体系。改革开放后，我国法治建设步入正轨，基层民主建设快速发展，形成了政府主导、村民自治和法制相结合的乡村治理体系。新时代，我国乡村经济和社会发展均呈现新特征。党的十九大提出，要构建自治、法制、德治相结合的乡村治理体系。这是现代民主法制与传统文化相结合的治理体系，能充分发挥各治理体系作用，且相互促进，大幅提高治理效能。

1. 自治增活力。 村民自治是指农村特定社会区域的全体村民，根据国家法律、法规的授权依照民主的方式建立村委会，确定行为规范，办理本村公共事务和公益事业。村民自治是乡村社会治理的基本目标，致力于乡镇人民政府与村民对农村公共生活空间的协同治理，保证公共利益最大化，保障村民个人权益、个人意愿的实现。从新中国成立到乡政村治体制形成之前，我国乡村治理由于政府大包大揽、管得过宽，大量事务和矛盾都汇集到乡镇政府身上，对乡村社会自我调节、村民自治空间产生挤压，影响村民参与性、主动性和积极性，乡村社会自治作用发挥有限。随着我国工业化、城市化的不断推进，乡村社会结构发生了很大变化，村民利益诉求多元化和海量的人流、物流、信息流，乡镇人民政府手段有限，资源缺乏，很多事务根本无法管理，既没有管好、管到位，又没有发挥好社会力量的作用。乡政村治体制中的村民委员会就是村民自治的群众性组织，是村民以集体方式行使自治的组织载体，村民实行自我管理、自我教育、自我服务。此外，农村经济组织、协会、民间组织等借助村民委员会这个自治平台参与村民自治。这是一种鼓励和支持乡村社会各方面参与、促进乡镇人民政府和乡村社会自我调节、村民自治良性互动的制度安排，妥善解决了仅靠政府主导无法有效治理的问题，也激发了乡村社会的活力。

2. 法治扬正气。法治是人类社会进入现代文明的重要标志，是现代社会的一个基本框架，大到国家的政体，小到个人的言行，都需要约束在法治的框架中。新中国成立后，我国经土地改革、人民公社化和实行家庭联产承包责任制等农村社会整合措施，农村的社会结构发生了根本的变化，传统封闭的差序化社会结构，蜕变为现代团体化社会结构，法治乡村建设取得了很大的成就。新时代农村市场经济体制和农村基层民主建设过程中，不仅需要较为健全的法律体系和法律监督机制，而且要求村民要具有较强的法律意识，习惯用法律方式解决纠纷。我国虽然建立了与市场经济相配套，和与农村民主政治建设需要相符合的法律体系，法治乡村建设不断推进，但村民的法治意识、法治思维还没有完全树立起来，这影响了乡村社会的治理效果。如有的村民遇到土地纠纷、拆迁矛盾、环境污染等问题时，不寻求法律方式解决，而是奉行"信访不信法""大闹大解决，小闹小解决，不闹不解决"的错误理念，采用极端手段达到目的。当然，有个别基层干部综合素质不高，存在有法不依、执法不严、违法不究等问题。要实现乡政村治体制有效运转，必须强化法治的保障。首先是乡镇政权和党的领导权等农村公权力，必须在宪法和法律的范围内活动，并积极完善乡镇人民政府指导、支持和帮助村民自治的制度，形成有利于各主体共建、共治、共享的制度体系。其次是要加强各项法律法规的宣传，提高基层干部和村民法制水平，引导村民守法和依法维护自身权益，并建立健全乡村法律援助制度，指导和帮助村民依法维权，在乡村社会大力弘扬法治精神。

3. 德治促和谐。传统中国的乡村治理突出道德教化功能，即用道德习惯、礼俗秩序等教化人，以维持乡村良好的社会秩序。"德治"是源远流长的中华文化传统，是中国最大的"本土资源"，不论是国家治理还是乡村治理，都必须发挥德治的作用。道德作为人人心中皆有的一种规范和约束，这种心中之法是较之任何文本法作用更大，效力更高，且适用更广的法律。"德治"与"自治""法治"融合，能有效提高村民自治的效能，促进法制乡村建设并降低乡村治理成本。随着工业化、城镇化不断推进，大量农村人口转移到城市，农村人口持续减少，农村呈现衰败趋势，并且出现了一些"空心村"。由于农村社会发展呈现衰退之势，导致精神文明建设滞后，农村出现不敬不孝、知法犯法、赌博滋事、个别早已摒弃的野蛮习俗文化抬头等现象，严重影响乡村社会和谐和村民幸福感提升。要解决这些乡村社会问题，必须从提高村民道德素质和强化道德自律方面入手，从源头解决乡村社会矛盾。要建立以规立德、以文养德、以评弘德和家风建设的德治体系，加强乡规民约和乡村管理制度建设，继承和发扬中华优秀传统文化和传统道德，广泛开展社会主义核心价值观宣传教育。采用评议个人、家庭、村域社会道德的方法，促进乡村社会道德文明水平提升；依靠社会舆论和道德规范的说服力、劝导力、影响力，调节村民之间的人际关系，形成和谐的乡村社会，进而推进法制乡村建设，提高村民自治效能。

（三）乡村治理新体制和手段创新

1. 领导体制不断完善。坚持党的领导是乡政村治体制运行的根本保障。乡镇人民政府、村民委员会在基层党组织领导下，依法履行行政管理职权和办理自治事务。乡政村治体制实施以来，村级党组织和村民自治组织负责人分设，这种制度安排在具体实践中未能达到预期目标，特别是村支两委主要负责人在工作中常常不协调，有的各自为政互不配合，有的则是看谁强势，强势的一方是村里主事的人。此外，有的村委会负责人过分强调自治，个别村民委员会被少数所谓能人甚至村匪把持，使村委会沦为其寻租的工具，不服从村级党组织的领导，偏离法定的自治轨道。鉴于上述原因，近年来许多地方从村干部配备入手创新农村党组织领导体制，实行村级党组织和村民委员会负责人一肩挑，这样既有利于加强党的领导，又有利于形成工作合力。

2. 乡村社会治理网格化。网格化管理是根据属地管理、地理布局、现状管理等原则，将管辖地域划分成若干网格状的单元，并对每一网格实施动态、全方位管理，它是一种数字化管理模式。每个网格配备网格长、网格管理员、民情信息员、网格警员、网格监督员，把矛盾调处、公共服务等百姓息息相关的事项融入网格，落实到人头。十八届三中全会《关于全面深化改革若干重大问题的决定》提出，要改进社会治理方式，创新社会治理体制，以网格化管理、社会化服务为方向，健全基层服务管理平台。这种社会管理方式相对以行政区划为治理单元，治理更精细化、精准化。目前，我国农村社会网格化治理和党建工作网格化全面实施。农村网格化管理大多以一定的户数和人口，或按自然村落画网格。网格化管理与村民小组的管理同时运行，大幅度提升了乡村治理的效果。

3. 信息技术普遍应用。中共中央办公厅、国务院办公厅印发了《数字乡村发展战略纲要》，其中提出，着力发挥信息化在推进乡村治理体系和治理能力现代化的基础支撑作用，构建乡村数字治理体系。目前，信息技术在乡村治理中得到了广泛应用，提高了治理效能，降低了治理成本。如依托信息平台建立信息化各乡村治理主体共建、共治、共享的治理机制，采用信息技术手段组织村民参与民主决策、反应利益诉求、提出村级事务治理建议等。信息技术在乡村治理中普遍应用拉近了在外务工、创业的村民与村民委员会的距离，提高了村民自治的参与度，提高了村民自我管理、自我教育、自我服务的自觉性。随着信息技术的不断发展，村民参与村级事务的信息平台将不断完善，乡村治理的信息化、数字化水平也将不断提高。

第三节　乡政村治的治理基础

在"乡政村治"体制内，村是乡镇人民政府下相对独立的社会空间，其党的基层组织建设、社会治理、公共产品供给及经济发展等，具有相对独立性、自主性。在村党组织领导下，村委会承接乡镇政府和上级部门依法委托的行政事务，组织村民依法自治，是乡村社会最基层的治理平台，是"乡政村治"体制治理的基础。

一、乡政村治的基本单位

中国特色社会主义进入新时代，城乡交流频繁，乡村新社会经济发展呈现新特征，虽然"乡政村治"体制适应新的历史时代，在治理理念、治理体系、治理内容和方式上都形成了新的格局，但"乡政""村治"总格局未变，村仍然是"乡政村治"的基本单位。根据我国《村民委员会组织法》第二条规定，村民委员会是村民自我管理、自我教育、自我服务的基层群众性自治组织，实行民主选举、民主决策、民主管理、民主监督。第三条规定，村民委员会根据村民居住状况、人口多少，按照便于群众自治、有利于经济发展和社会管理的原则设立。村民委员会的设立、撤销、范围调整，由乡、民族乡、镇人民政府提出，经村民会议讨论同意，报县级人民政府批准。从村民委员会法定设立程序来看，村既是农村法定的村民自治单元，又是乡镇人民政府行政管辖区内相对独立的社区空间。一是有村级治理组织体系。有村党支部领导下，村民委员会、农民经济合作组织、民间社团组织等构成村级治理组织体系。村内各类组织在乡政府指导、支持和帮助下，形成共建、共治、共享的村级治理体制。二是有明确的辖区范围。依法设立村民委员会的同时，也明确了治理区域范围，而且每个村治理边界清晰。三是经济发展职责和财产管理权清晰。《村民委员组织法》第八条规定，村民委会应当支持和组织村民依法发展各种形式的合作经济和其他经济，承担本村生产服务和协商工作，促进农村生产建设和经济发展。村民委员会依照法律规定，管理本村属于村农民集体所有的土地和其他财产，引导村民合理利用自然资源，保护和改善生态环境。村民委员会应当尊重并支持集体经济组织依法独立进行经济活动的自主权，维护以家庭承包经营为基础、统分结合的双层经营体制，保障集体经济组织和村民、承包经营户、联户或者合伙的合法财产权和其他合法权益。四是村域自治并独立承接乡镇政府委托的行政事务。村民公共事务和公益事业自治；独立完成乡镇政府及上级部门委托的行政工作任务，包括社会治理、公共产品配置等。

二、乡政村治的基础

村作为乡政村治的基本单位，是"乡政"的行政权力和"村治"的村民自治权力协调统一的平台，因此，村级治理是乡政村治的基础，村域各类自治组织和村民，运用各自法定的乡村治理权力，互相合作、协调治理村域各项社会事务，调控和影响相对独立的村域社会的活动。村级治理表现为三元权威结构：党的基层组织、基层政权机构和村民自治组织。从村级治理的权力结构看，"乡政村治"是具有中国特色和时代特征的农村基层治理体制。其一，村级治理是自治、法治、德治融合的基本平台。自治、法治、德治相结合是新时代"乡政村治"治理体系。村作为"乡政村治"的基本单位，是"三治融合"最基本的平台。"村治"本质上是村民自治，通过村民会议，村民不仅能直接选举村民代表治理乡村，而且能在村民会议上行使一切政治、经济、文化、社会事务的自治权力。村民自治权力依托村民委员会才能得以实现。村民委员会依照《村委会组织法》设立，在村级党组织领导下行使职权，依照宪法、法律开展自治活动。村民委员会虽然是个群众自治组织，但同时也承担有部分法治乡村建设和乡村德治的任务。村民委员会承接乡镇人民政府及上级部门委托的乡村法治社会建设任务，具有宣传宪法、法律法规和国家政策的义务。村民委员会依法开展村民自我教育，弘扬社会主义核心价值观，传承并重构乡土文化，用优秀的乡土文化引导村民遵守公序良俗，以德治村。这为我国民主政治建设奠定了坚实的基础。其二，村级治理是维护农村社会安定团结的前沿阵地。目前农村民主法制建设还不够完善，赌博偷盗、抢劫斗殴、搞封建迷信活动等现象还时有发生，对这些不良行为的治理，乡镇人民政府和乡级组织难以独立完成，还要依靠村民自治和各种村级组织的正常运转充分发挥作用；同时利用村规民约等，在群众中筑成坚强的第一道防线，把问题解决在村域内部，把犯罪行为消灭在萌芽阶段。其三，村级治理是农村经济文化繁荣及公益事业发展的重要环节。村民脱贫致富、整治村容、兴修水利、防洪防汛、救灾修路、植树造林、拥军优属、养老抚幼、修建学校、沟通信息、发展科技，从生产、流通到生活各方面积极为村民提供社会化服务，这不仅是农村基层政权必须关心的事，而且也是村级组织的基本工作内容。所有这些工作，乡镇政权难以面面俱到，而且也不必面面俱到，只能依靠村级组织发动群众来完成。

三、村域治理环境的差异性

我国地域辽阔，各地区经济发展水平、乡村社会结构、民族文化传统等都存在一定的差异，村级治理不可能千篇一律，要考虑地区经济发展和乡村公共服务水平、村民综合素质等差异。

第一，乡土文化差异。乡土文化是在乡村长期共同生活中形成的乡村特有的、相对稳定的生活方式和观念体系的总称，包括乡规民约、家训和家法族规、宗教文化、儒家孝文化等内容。乡土文化内容丰富，有些具有普适性，有些则因地缘和血缘而存在差别。另外，我国是个多民族国家，设有民族自治区、自治州、自治县。这些民族地区的乡土文化不仅与非民族地区有很大差别，而且不同民族地区之间也存在着很大的差异。虽然随着工业化和城市化建设的推进，乡土文化的差异有所缩小，但不同地区的乡村乡土文化依然存在很大差异，村民生活方式与观念、自愿遵守新的生活规则也有不同，这些差异，有的会因融合而统一，有的则会长久存在下去。

第二，村域社会结构的差异。村域社会结构包括人口结构与相互关系、社会分层等，且受到村的形成历史、人口流动及就业等因素的影响。一是村（庄）形成。传统自然村主要是历史自然形成的单一或某一姓氏为主的大屋场，这种村血缘联系紧密，熟人社会结构特征明显，家法自治还发挥着一定的作用；移民村是指由那些离开传统自然村落到异地谋生定居的农民，或服从政府工程建设、经济建设而搬迁的农民组成的多姓杂居的村，这类村的社会结构要接近现代社会。二是人口流动。改革开放后特别是工业化和城市化建设的推进，我国农村人口流动规模不断扩大，乡村人口数量和结构都发生了巨大变化。在改革初期人口流向相对单一，主要流向城市的工商业、建筑业等行业，这加速了城市发展，农村人口占总人口的比例下降，农村常住人口主要是老年人、妇女和儿童。随着工业化、城市化建设水平的不断提高，农村人口流向不再只向单一城市，也向城郊农村和特色产业发展较好的乡村流动，从而成为职业化农民。这些职业化农民优化了流入地常住人口的年龄结构，也导致流出地进一步"空心化"。三是社会分层。改革开放为广大农民提供了发展机会，一些农民进城创业，或在本地创办工商企业，通过自己的努力成为工商企业主、小老板，这些工商企业主、小老板又因地缘关系相互帮助，导致村域内部及村与村之间社会发展存在很大差异。

第三，村域公共服务需求差异。村域公共服务包括医疗卫生、文化教育、养老济困、公共服务设施建设等，这些公共服务需求因本土文化和村域地理环境差异，村与村之间或多或少存在着差别。另外，村域公共服务需求，还因当地政府投入和村域集体经济发展水平差异，村民在公共服务方面急难愁盼问题也不相同。

上述乡土文化、社会结构和村民公共服务需求差异为村级治理环境主要因子的差别。除此之外，还有诸如地形环境等的差异，在此不再一一分析。因为村域治理环境条件存在差异，所以在村级治理实践中，村级治理体系构建和确定村级治理事务，既要考虑普适性规律，又要尊重村域治理环境的特殊性。

第三章

村级治理事务

第一节　村民委员会依法协助的事务

《中华人民共和国村民委员会组织法》第五条规定，村民委员会协助乡、民族乡、镇的人民政府开展工作。协助的主要工作包括以下方面。

一、落实乡镇及其上级行政机关的决定和命令

村是当前我国社会治理的最基本单元，村级组织协助落实好乡镇及其上级行政机关的决定和命令，是国家治理过程中政令畅通和政策落地的重要保障。这方面工作的重点，一是协助乡、镇人民政府就乡镇及其上级国家行政机关作出的各项决定在本村域范围内的落实；二是协助乡、镇人民政府就乡镇及其上级政府发布的各项命令在本村域范围内的落实。

二、乡镇及上级政府部门的项目建设

协助乡镇及其上级政府在本村域范围内建设农业、工业、商业、物流等产业及其配套项目等经济建设项目，交通、电力、通信、自来水等公共设施项目，教育、医疗、文化、卫生、康养、环保等公共服务项目。主要协助做好有关项目规划、征地拆迁、土地流转、土地用途变更以及环境保护等工作，协助做好项目建设涉及的村民利益协调和村民教育引导工作，为项目建设提供良好环境。

三、乡镇及其上级政府部门服务工作

协助乡镇及其上级政府部门为本村村民开展科学技术普及与新技术示范服务，提高村民科技文化素质；协助做好村域范围内幼儿园、学校等的管理与服务，保障正常教育教学秩序，做好失学儿童和青少年劝学工作，落实国家义务教育法律法规；协助做好文化站、图书室等文化设施管理与开放服务，协助开

展有关文化活动；协助做好卫生服务站管理与服务，协助开展村民有关专项疾病筛查、健康检查、疾病预防以及紧急公共卫生事件处置等；协助做好就业技能培训、就业指导、对口就业企业与重点就业区域联络，促进本村劳动力就业和转移就业；协助做好本村人才引进、使用与服务以及村域范围内乡土人才的培养、推荐、使用与服务等工作，促进乡村人才振兴；协助维护村域范围内社会治安，保障村民人身、财产安全；协助做好国家涉农政策、工业农业产品销售、就业等信息服务，拓宽村民视野，助力村民增收；协助做好体育设施维护管理与开放服务，协助开展有关群众性体育活动，增强村民体质。

四、村域范围内国有资产管理

村域范围内的国有资产主要为国有固定资产，包括乡镇及以上机关单位的房产、农村五站、学校、卫生院的固定资产、财政拨款修建的农村水利设施和道路桥梁等。一是协助乡镇及以上机关对村域范围内的国有资产进行清理和建账；二是协助乡镇及以上机关对村域范围内的国有资产进行日常管理和维护，以保证国有资产正常运行，减少财产损失；三是协助乡镇及以上机关对村域范围内的国有资产进行处置，包括国有资产转让、出租和出售等。

五、承办乡镇及以上政府部门委托的事项

（一）社会福利事业

随着我国经济社会不断发展，社会福利事业不断进步并逐步实现向全社会覆盖。村级组织协助乡镇政府办好本村域范围内的社会福利事业，对落实好全体村民的各项福利十分重要。一是老年社会福利。做好各级政府在村域范围内建立的养老等社会福利机构管理服务工作，为老年人提供生活照料、医疗、康复和保健等服务，保护老年人的合法权益。二是儿童社会福利。做好各级政府在村域范围内建立的儿童福利设施的管理服务工作，为残疾儿童、孤儿、弃婴提供良好的收养、医疗、康复和教育服务。三是残疾人社会福利。重点做好残疾人就业服务，落实促进残疾人个体就业和自愿组织起来就业的优惠政策，有条件的可以创办福利企业安排残疾人集中就业，使残疾人实现自力更生。四是农村"五保"供养。协助乡镇政府开展农村"五保"供养工作，为农村"五保"供养对象提供食品、生活用品、生活用燃料和零用钱，提供符合基本居住条件的住房，提供疾病治疗，对生活不能自理的给予照料以及办理丧葬事宜等服务。对于农村"五保"供养对象未满 16 周岁或者已满 16 周岁仍在接受义务教育的，应当保障他们依法接受义务教育所需费用。

（二）税务事项

依法纳税是公民的基本义务，协助政府税收征管部门做好税收征管工作，

既是保障社会公平，促进共同富裕，也是推进法治乡村建设的重要方面。一是协助税务部门做好税法宣传工作，大力宣传"依法纳税光荣、偷税抗税可耻"等思想，提高农村居民的法制观念和纳税意识；二是协助税务部门做好税务公开工作，在一定范围内对税收政策、办税程序及纳税人的税收定额、纳税处罚、停歇业管理等内容进行公开，消除农村居民相互之间的疑虑和攀比心理；三是积极对接政府税务部门组织开展针对农村居民的纳税辅导、纳税评估等人性化服务，尤其对于新创业的农村居民，要提供优质的纳税申报等服务，提高纳税人依法纳税的自觉性。

（三）兵役事项

保家卫国，人人有责。依法服兵役是我国公民的基本义务，村级组织协助乡镇政府做好兵役工作，重点在于，一是协助做好征兵宣传工作，尤其从2021年起"一年两征"的新形势下，落实好征兵宣传常态化、持续化工作；二是协助做好征兵工作监督，让群众人人争当征兵工作宣传员和监督员，营造良好征兵环境；三是协助做好军属优抚、退伍军人回乡就业创业服务等工作，吸引优秀应征青年投身军营，保家卫国。

（四）其他事项

承办乡镇政府委托的临时性或应急性事项，如重大公共卫生事件应急处置、承办有关活动等。

第二节 村域人口管理与服务

一、村民户籍管理

村级组织在村民户籍管理中的主要任务，是配合乡（镇）派出所户籍民警做好人口登记管理、人口异动管理等工作，管理服务对象主要是本村户籍常住人口、户籍非常住人口、常住非户籍人口和非户籍非常住人口。

（一）健全人口管理服务工作格局

以加强工作队伍建设为重点，构建村支两委负总责、专干抓落实、分片包干户籍民警协同的"三位一体"工作格局。明确村支两委负责人为村人口管理第一责任人，每个村配备一名管理专干，每村都有包干户籍民警进行工作对接。强化村民小组人口信息登记管理的目标责任，由村民小组负责本小组人口信息的日常管理，建立健全村级人口基础总账，并进行考核。

（二）提升人口管理服务质量

加强对工作专干的业务培训，做到服务为民、服务便民。提高对流动人口的管理服务质量，包干户籍民警和工作专干要以入户、入企调查等方式，落实流动人口登记、办证制度，村组要建立流动人口登记册，实行一人一卡，做到"人来有登记、人走有注销"。

（三）引导群众和社会组织人口自治

支持村人口管理自治协会等社会组织的建设和发展，加强对村民和相关协会的引导，增强村民人口自治的自觉性，提高村民人口自治的能力和水平。引导村民对本村人口的登记、注销、流入流出等进行自我监督、自我教育、自我管理和自我服务。

（四）建设人口管理服务信息化工程

争取上级有关部门支持，加强村组人口管理服务信息化必要设施设备建设。同时，充分利用好上级有关部门人口管理信息化平台和阵地，不断提升村级人口管理服务的科学化水平。

二、落实计划生育政策

随着经济社会的发展，我国计划生育政策也发生了很大的改变，"独生政策"被"三孩政策"替代，从而促进人口与经济社会、资源环境协调可持续发展。这对做好基层计划生育服务管理工作，落实计划生育政策提出了新要求。

（一）加强计划生育政策宣传

大力宣传国家计划生育全面"三孩"及其配套支持新政策，让人民群众感受到计划生育政策的好处，从而自愿参与到计划生育工作中，积极主动响应政策。尤其要向群众做好新旧政策接续的解释与宣讲工作，按照"老人老办法，新人新办法"的原则，服务于每一个家庭。

（二）重视流动人口计划生育服务管理

加强对户籍非常住人口、常住非户籍人口和非户籍非常住人口的普查与随访服务，掌握本村流动人口信息并建档立卡，将其纳入计划生育服务管理范畴。

（三）抓细落实计划生育服务管理工作

通过扎实过细的计划生育服务管理工作，满足不同人群的不同需求。细心做好残障人士、贫困家庭、再婚家庭和少数民族家庭等特殊人群的服务管理工作。多进行走访慰问，解决计划生育困难户的实际问题。注重关心女性身心健康，对于新婚夫妇或怀孕夫妇进行相应的计划生育政策宣传，重视育龄妇女的健康检查。做好对原计划生育独生子女家庭的相关服务，协助落实好独生子女父母的补助金等政策。

三、政策宣传和法制教育

农村政策和法制宣传教育是一项长期复杂的社会工程，村级组织要在上级有关部门的统一领导下，从实际出发，健全专门机构和队伍，同时加强宣教内容的针对性、方法的贴合性、推进的整体性等要素建设，促进乡村政策宣传和法制教育常态化、制度化、科学化，为乡村振兴提供强大助力和坚实保障。

（一）围绕中心开展宣传教育

紧紧围绕推进乡村振兴、法治乡村建设和保障农村社会和谐稳定开展政策宣传和法制教育，将政策宣传和法制教育贯穿到乡村治理的各项工作中。一是围绕推进乡村振兴这一中心工作，深入开展新时代乡村振兴政策宣传，转变农民思想观念，增强农民积极投身乡村振兴、创造美好生活的自觉性。二是围绕民主法治示范村建设，一手抓经济，一手抓法治，推进依法治村，保障农民的知情权、参与权、决策权和监督权，保护农民的合法权益。三是围绕农村社会治安综合治理，协助开展"扫黑除恶"等专项整治，引导农民增强法治意识，净化农村社会风气，促进农村社会和谐稳定。

（二）培养政策和法律明白人

加强对村组干部政策和法律知识的教育培训，紧紧依靠乡村干部推动和带动整个农村的政策和法制宣传教育工作。要通过专题培训、外派学习等方式，不断提高村政策宣传和法制教育队伍的政治素质、政策水平和业务素质。要争取上级支持，从县、乡（镇）选派专门工作人员为村支两委及村民提供各类政策和法律事项服务，指导村支两委开展政策宣传和法制教育，影响和带动村民学好政策法律、掌握好政策法律、用好政策法律。

（三）创新宣传教育手段和方法

充分利用现代和传统媒体进行宣传，用好电视、网络的政策和法制专题栏目、党员远程教育平台等资源，组织、引导村民收看有关内容；利用墙体广告、喷绘广告、车身广告和村委会公告栏等户外媒体，精心设计制作宣传内容，以村民喜闻乐见的形式开展政策和法律宣传；还可以编印各种图册、画册和小手册等发放到村民家庭，形成多形式、立体化、全覆盖的农村政策与法制宣传教育网络体系。同时，采取各种行之有效的方法开展宣传，如抽调有关干部组建宣传队，深入田间地头、农户院落，与农民面对面地开展政策和法律宣讲活动，提高宣传教育的实际效果。灵活运用多种方式开展宣传，针对当前农村的社会特点，利用农村婚嫁等人员聚集时，进行政策引导和普法宣传；利用春节外出务工农民返乡时机，组织开展相关专题宣讲；选择典型案例，如承包地流转、良种补贴政策和赡养案件、纠纷调解等，加强宣传，增加宣传教育的趣味性，调动村民学习的积极性。

四、村民技术技能培训

加强农民技术技能培训，是提高农民职业素养，培育新型职业农民和转移农村剩余劳动力，促进农村劳动力充分就业，增加农民收入的重要举措。整体上看，对农民进行技术技能培训主要包括农业生产技术培训和转移劳动力职业技能培训两个大的板块。组织形式上，包括自主组织开展农民技术技能培训和组织农民参加有关部门举办的技术技能培训。

（一）做好充分市场调研

要根据本村农业产业发展和劳动力转移就业主体工种、主要区域和市场需求，深入有关地区、企业调研了解，并结合本村劳动力就业愿望，确定培训内容，与市场需求相衔接，采取先定向后培训、先培训后定向和边培训边定向的意向培训，以及先培训、后实训、再就业一体化培训新模式，不断提高本村劳动力技术技能水平，实现培训与就业的充分对接。

（二）制定周密培训计划

要坚持实用、实际、实效的原则，制定周密的培训计划，对自主组织开展的培训，每一期培训内容的设置，都要在保证符合国家产业政策要求的同时，重点突出适应本村农民发展农业生产和转移就业的现实需要，多实践操作，少理论学习；对于组织本村农民参加有关部门举办的技术技能培训，要充分了解培训内容、培训方式和农民需求意愿，确保受训人员学有所获、学有所用，快速掌握一门以上实用技能，真正做到以培训促进就业。

（三）采用合适培训方式

对于农业生产技术培训，可选择农闲季节或生产季某环节开展，选择现场或远程培训，现场培训选择在室内或田间，或者室内与田间相结合的方式进行；对于转移劳动力技能培训，可采取学员分散学与集中学相结合，短期技能培训与长期职业教育相结合的方式进行。不论采用哪种方式，一切都要围绕提升培训效果来进行。

（四）争取上级部门支持

重点加强向县、市农业和人社等部门的汇报衔接，做好有关培训计划，争取将本村农民技术技能培训纳入有关部门培训计划，以获得上级部门在资金、师资以及培训人员数量分配等方面的倾斜与支持，促进本村农民技术技能培训工作可持续。

五、协调村民利益诉求

当前，我国正处于社会转型的关键阶段，农民阶层发生了较大分化，其核心是利益分化。过度的利益分化危害农村社会稳定，激化社会矛盾。如何在分析不同群体利益诉求的基础上，通过构建乡村治理新机制来协调和兼顾不同群体利益，从而消除农村发展中的不和谐、不稳定因素，是新时代乡村治理的一项重大课题。

（一）教育引导村民形成正确的利益观

要通过宣传教育，让村民树立起获取利益要合理、合法、公平、公正的观念，积极鼓励通过个人奋斗和诚实劳动致富。村组干部和党员率先示范，引导村民正确处理个人利益与集体利益、局部利益与整体利益、眼前利益与长远利益的关系。要加强村民法制和道德教育，加强对利益主体的约束，防止其以非法手段获取利益，引导村民合理选择利益目标，正确处理利益关系，减少村民间的利益矛盾和冲突。

（二）构建有效的利益诉求表达机制

要进一步完善和充分利用信息公开、村民投票、村民大会、一事一议等制度，建立健全规范的利益协调和对话机制，引导各利益群体以理性、合法的形式表达自己的利益诉求。要充分利用上级政府和部门建立的各类利益诉求表达制度性平台，使各个利益主体的利益诉求能够通过正当的、规范的渠道进入村级事务决策过程中，促进各主体利益平衡，最终达成利益共享。

（三）依法及时处理各类利益矛盾

有效应对当前农村社会利益多元化，协调各方利益，重塑法治精神不可或缺，要学会和善于运用法律手段协调处理村民矛盾纠纷，把协调处理利益矛盾的工作逐步纳入法制化的轨道；要学会和善于运用经济手段调整利益关系，特别是化解村民间的物质利益矛盾；要学会和善于综合运用政策、教育、协商、调解等行之有效的解决利益矛盾的方法，依法、及时、合理地处理村民反映的问题。从深层次看，主动正视和化解矛盾，最根本的一条是要坚持把广大村民的根本利益作为村里出台各项工作措施、开展一切工作的出发点和落脚点，正确反映和兼顾不同利益主体的利益，坚决纠正各种损害村民利益的行为。

（四）重视对弱势村民群体的利益保障

弱势村民群体缺少自己利益表达的渠道，必须强化对弱势村民群体的利益保障。最首要和最根本的就是要把法律赋予他们的各种政治、经济和社会权利落到实处，如切实落实好农村居民最低生活保障、农村社会救助、农村社会福利等各项制度。要通过发展和壮大村级集体经济，提高村集体公共产品供给质量，提升村级公共服务水平，促进农村社会更加和谐。

六、村民日常服务

为保障本村生产、生活正常进行，为村民提供信息引导、政策咨询、必要关系协调等生产服务和社会治安、卫生保洁以及婚丧嫁娶事务政策宣传与指导等生活服务。

第三节　公共物品供给与管理

一、农村公共物品及供给

所谓农村公共物品，就是指满足农民生产、生活所需的，可以供所属农村社区集体享有的产品和服务，主要包含"软性"公共物品，如文化、教育、技术推广、养老、医疗卫生、家政、老年护理、殡葬服务等，和"硬性"公共物品，如水利设施、道路、电力及通信网络、自来水、环保基础设施等。农村公共物品的供应主要有政府供应、社会供应和集体供应等模式。

所谓政府供应模式，是指农村在进行公共物品建设时，全部的资金均来源于政府，同时，公共物品的生产计划也需要由政府来制定，政府在计划制定完成后，可以选择某个企业再进行生产。社会供应模式，是指市场组织、社会组织或私人单独或联合，或者与政府共同完成农村公共物品的供应。集体供应模式，就是集体通过各种形式筹集资金来完成本集体范围内公共物品的建设和供应。

二、政府提供的公共物品管理

政府提供的公共物品，其产权由政府或由其委托的机构进行管理，使用和维护需要村级组织进行管理的，村级组织一是可以通过争取财政支持雇用有关人员对公共物品进行管理，以保证公共物品的良好性和可用性；二是可以通过组织私人或者企业承包其经营权的方式等进行管理；三是可以通过成立由使用者组成的协会来承接政府提供公共物品的管理权，由"协会"对该类公共物品进行管理，从而保证公共物品的正常使用。村级组织还要不断强化自身服务职能，充分发挥村务服务中心等窗口作用，为村民均等享有政府供应的公共物品提供保障。

三、村集体公共物品的供给与管理

随着乡村振兴战略实施和农村不断发展，集体自办公共物品在农村公共物品供应中将发挥越来越重要的作用。各地应根据集体组织内居民的需要和自身实际，加强自办公共物品供应与管理工作。

一是落实一事一议制度，实行民主决策。集体自办公共物品是对政府和社会公共物品供应的一种补充，尤其在优化公共物品供应结构，提供村民迫切需要的公共物品方面具有天然的优势。一事一议的民主决策让集体公共物品的需求者和供应者身份合二为一，在提供公共物品之前征求广大村民意见，让全体村民或村民代表投票表决，进而根据村民的意见投资公共物品建设，最大限度地克服了公共物品供应中的信息不对称问题，从制度上充分保障了体现村民的真实需求，有利于克服公共物品供应结构的失衡，提高公共物品供应的效率。

二是多渠道筹集资金，实现自办公共物品可持续供应。要用好村民一事一议财政奖补政策，集体筹资筹劳和财政奖补共同发力，共同建设集体公共物品。要大力发展集体经济，壮大集体经济实力，增加集体经济对自办公共物品建设的投入。还可以通过社会捐赠等方式筹措集体公共物品建设资金。

三是加强集体自办公共物品建设监督和使用管理。要充分发挥村议事会、村务监督委员会等组织的作用，加强对集体自办公共物品建设过程的监督，确保公共物品项目建设按规划实施，项目资金使用、项目建设进度等信息及时向村民进行公开，接受全体村民监督。加强集体自办公共物品供应后管理和村民信息反馈，及时询问村民的满意度，及时收集村民的反馈意见，以更好地满足村民对公共物品的需要。

四、社会供给的公共物品

由市场组织或者与政府、私人共同提供且通过收费回收投资的公共物品，由其自行进行管理。个人、企业或者其他社会组织捐赠的公共物品，村级组织或者由村级组织成立的专门机构进行承接，这部分公共物品的产权和管理，可以通过在捐赠协议中载明有关条款的形式，明确由村里还是由捐赠者委托的第三方进行管理以及使用和维护费用的筹措等。在捐赠协议中没有明确的，由村级组织进行管理并负责筹措使用、维护等费用。

第四节　村域经济发展

一、土地承包管理

村集体土地承包经营活动由村集体经济组织依法进行管理，村集体经济组织不健全的，由村民委员会管理。

（一）采用多种承包方式

村集体土地包括村集体经济组织成员共同所有的农用地、机动地和"四荒"。耕地、林地、草地、农田水利用地、养殖水面等直接用于农业生产的农用地，采取农村集体经济组织内部的家庭承包方式，并对承包地进行确权登记颁证。承包期内，承包户内增加人口不增加承包地，减少人口不减少承包地。承包方全户农转非、全户户籍迁出和全户消亡且没有农业户籍法定继承人的，村级组织应当收回其全部承包地，收回的承包地纳入机动地管理。

机动地是指主要用于国家征地、农田基本建设、新村建设、公益事业建设、集体办企业用地和其他用地补给的土地以及收回的承包地，面积一般不得超过耕地总面积的 5%，村集体机动地的发包方式、收费标准、经营期限等事项由村集体经济组织成员代表会议或者村民会议、村民代表会议讨论确定。在同等条件下，集体经济组织内部成员享有优先权。

未开发利用的荒山、荒沟、荒丘、荒滩（"四荒"），可以采取招标、公开协商等方式承包，其开发经营方法、期限、收费标准等重大事项，应当由集体经济组织成员代表会议或者村民会议、村民代表会议讨论确定。"四荒"经营期限一般不超过 50 年。"四荒"开发经营前，应当由村集体经济组织委托具有资质的评估机构对其进行资产评估。

农村土地承包后土地的所有权性质不变，承包地不得买卖。农村集体经济组织成员有权依法承包由本集体经济组织发包的农村土地。任何组织和个人不得剥夺和非法限制农村集体经济组织成员承包土地的权利。

（二）加强土地承包合同管理

农村土地承包经营合同是明确发包方、承包方权利义务关系并具有法律效力的文书，是承包方获得土地承包经营权的法定依据。《民法典》和《农村土地承包法》明确规定，土地承包经营权自土地承包经营权合同生效时设立，即承包农户依据承包合同取得土地承包经营权。因此，村级组织对任何个人或集体发包的所有土地均应依法订立承包合同。且土地承包合同一经依法签订，即具有法律约束力，任何组织和个人不得随意变更或解除。农户依法全部或者部分转让、互换土地承包经营权的，双方应当依法、依规、依程序及时申请变更土地承包合同。因承包地被依法征收、征用、占用导致承包农户土地承包经营权丧失或部分丧失的，村级组织应主动组织承包农户依法、依规变更土地承包合同。

（三）规范土地承包经营权流转管理

要坚持农村土地集体所有，实现所有权、承包权、经营权三权分置，并根据实践发展要求，丰富集体所有权、农户承包权、土地经营权的有效实现形式，引导土地经营权有序流转，促进农村土地资源优化配置，积极培育新型农业经营主体，发展多种形式的适度规模经营，使农村基本经营制度始终充满活力。

土地经营权流转可以采取转让、转包、入股等形式，但要坚持"一原则""两不变""三必须""四不准"。"一原则"，指土地经营权流转应坚持自愿、有偿原则。"两不变"，指承包关系不变，即原承包户与村级组织的土地承包关系在承包期内稳定不变；承包合同所规定的各项义务不变。"三必须"，指土地经营权向集体经济组织以外成员流转或者向集体经济组织内成员流转达到一定规模的必须经村级组织批准同意；必须依法、依规签订承包合同；必须保护承包户的合法权益。"四不准"，指流转期限不准超出承包户的本轮土地承包期限；不准改变土地用途；不准接转方再行转包转让；不准用流转的土地进行抵押担保。

二、发展村集体经济

（一）村集体经营性资产保值增值

所谓村集体经营性资产，是指未承包到户的由村级组织管理、可用于生产经营、归村集体全体成员集体所有的有形资产，包括村级组织管理的土地、森林、山岭、草原、荒地、滩涂、水面和房屋、建筑物、机器设备、工具设备、农业基础设施（包括小型水利工程）、集体投资兴办的企业等。

1. 管好资产，确保资产保值增值。要摸清资产家底，组织由村支两委和村集体经济组织主要负责人、村会计、包村干部和村民理财小组或群众推荐的村民代表参加的清理小组，对村级资产进行清产核资、登记造册、建立台账。特别是对有账无物或应报废的资产，在查清原因的同时，按照审批程序，办理好报废手续，真正把集体资产查清搞实。要健全管理制度，包括资产管理、承包合同管理、收入支出管理等制度和资产经营与处置招投标制度、集体土地有序流转制度、资产定期清查制度和责任追究制度等。要依规、依程序民主管理，将村级资产出租出售、大额固定资产购置与处置列入村级重大事项，实行程序化管理。凡办理村级重大事项，必须遵循"支部提议、两委商议、村民（代表）会议决议、乡镇党委政府审核、公开招投标或集中采购、项目实施、验收决算、公开公示"程序。

2. 盘活资产，促进集体经济发展。开展资产租赁经营，区位条件比较好的村可以大力发展资产租赁经营，为村集体提供持续稳定的租金收入，走收益稳、风险小的经营路子。开展资产自主开发经营，对于土地资源较为丰富的村，可以开展农业综合开发，并通过组建土地股份合作社，吸收农户承包土地入股或流转等方式，提升农业规模化、集约化和现代化水平，增加集体资产开发收入。还可从实际出发，通过宅基地置换和整理复垦节约的建设用地，自主开发、合作开发楼宇经济。开展资产联合开发经营，可与有关村集体联合抱团，以优良资产为载体，合作开发农业产业以及标准厂房、仓储物流、创新创业楼宇等项目，实现资源共享、优势互补、规模发展。资产折资入股，将集体经营性资产严格评估量化，折资入股或参股有实力、经济效益好的农业产业化龙头企业、农业合作社等涉农或者其他企业，以企带村，以村促企，实现互利共赢。

（二）村集体经济分配

农村集体经济收益包括补偿性收益和经营性收益。补偿性收益是指集体土地主要包括村集体所有的土地、房屋及林地等被国家征收或征用而取得的收益，其中最为主要的是土地征收补偿费。经营性收益主要是指村集体经营活动产生的收益，如村集体所有的经营性资产出租、出让取得收益以及开办企业、其他投资等产生的收益。

村集体对于补偿性收益没有完全的支配权，其收益的分配必须受到补偿制度约束，现有的法律法规已经为土地补偿费的分配设置了相应的分配规则，没有赋予村集体以自治的方式进行分配的权力。其分配规则为"村提留＋主要用于被征地农民"，即土地补偿费主要用于被征地农民，允许村提取部分补偿费，用于村集体发展经济或公益活动，也可以分配给村民。

村集体作为集体资产的管理者身份，可以依据合作社章程或者根据法律规定，依照法定程序对村集体经营性收益作出分配决定。其分配规则为"平等分配为主＋贡献大小分配为辅"。程序上，分配方案需经村民大会或村民代表大会讨论决定。科学合理的分配方案应当包括以下内容：①按照分配时的村民名单分配。不论村民资格取得时间长短、不论老少，只要是本村村民，就享有分配权。②村民平等。不论男女，不论是否婚嫁，不论年龄大小或职务高低，一律平等。③经村民大会或村民代表大会决定，可以根据村民对村集体收益取得的贡献大小或者根据村民资格时间的长短，决定某些特殊村民适当多分或少分。

（三）村集体经济使用

村集体经济收益分配后所留下的归村集体掌握使用的资金，主要用途有三个：一是用于维持村级组织的运转，弥补公共财政对村级组织运行经费的缺口；二是用于公共设施建设和公共服务，发展教育、文化、卫生等公益事业和医保、低保、失业、养老等福利保障事业，资助和奖励村民子女上学等；三是投资兴办集体经济实体，促进集体经济不断发展壮大。使用程序上，应当按照一事一议原则，每笔经费使用经村民大会或村民代表大会讨论决定，开支情况由村务监督委员会进行监督，并向全体村民公开。

三、发展产业

村级组织在乡村振兴背景下服务乡村产业发展，应围绕如何获取和运用行政、市场资源促进产业建设以及如何协调各市场主体间利益等问题，重点做好以下四个方面的工作。

（一）产业规划

根据当地实际，引导农业产业结构调整，拓宽产业发展思路，寻找产业发展方向，引导产业布局，因地制宜探索村级产业发展路径。①发展资源经济，支持村产业组织利用可利用的资源，发展农业特色主导产业。②发展农副产品加工业，有条件的村可划定村级产业园区，推进农副产品规模生产、加工与综合利用发展。③发展休闲农业与乡村旅游业，盘活村级特色旅游资源，发展休闲农业和乡村旅游产业。④发展电子商务，整合当地特色农产品、旅游资源和旅游产品，发展电商、微商，拓展产业，增加收入。⑤发展生产服务业，如组建农机生产服务社为农户生产提供全程机械化服务，发展"土地托管"等农业社会化服务。

（二）招商引资

围绕村级重点产业发展，大力争取并整合各渠道的项目与资金，同时充分发挥项目资金的引导效应，促进更多的社会资金投向村级重点产业。利用各级尤其是县、乡镇招商引资平台，加大村级特色资源、产业等优势的宣传力度，有针对性引进项目、资金等。大力培育合作社、企业和家庭农场等市场主体，并以市场主体作为项目和资金承接主体，以实现各类资源更有效地用于支撑产业发展。

（三）产业服务

一是做好市场衔接。村级组织要发挥组织优势成为生产与市场对接的中间人，通过一系列的方法提高市场主体的市场参与能力，并为其做好市场对接服务，如引导发展订单农业等，以保证产业的顺利发展。村级组织在尊重农户和市场主体意愿的前提下，可通过"资源整合"等方式，对他们参与发展村级新型产业给予适当扶持，降低产业进入门槛，使之统一整合进入到村级产业之中。二是加强技能培训。可依托党员远程教育平台、乡镇农业技术服务推广站、县农业局、县人力资源和社会保障局等各类技能培训资源，针对村级主导产业发展需要，组织开展技能培训、技术指导。举办致富能手培训班，使群众掌握1~2门种养、加工、农机操作等致富技能。加大开展产业现场培训力度，请有关专家现场培训指导，让群众现场操作实践，以增强培训针对性、实效性。实施党员干部和产业带头人"双培"工程，加大对村支两委班子成员、党员骨干和家庭农场主等培养、培训力度，发挥其引领作用。

（四）优化环境

要做好基础设施和硬件建设，加速服务升级，营造良好的产业发展环境，吸引更多资源参与到村级产业发展中来。①做好土地流转、置换等的协调与服务，为产业发展提供基础支撑。②加快村级水电路和绿化等基础设施建设，建设文明新村。③发展第三产业，为产业职工和村民生活提供便利。

四、村级财务管理

村级财务管理是指为适应农村集体经济组织从事经济发展，同时兼具社区管理职能的实际情况，全面核算、反映村集体经济组织经营活动和社区管理的财务收支，做好村务公开和民主管理，加强村集体经济组织的会计工作，规范村集体经济组织的会计核算。健全有效的村级财务管理制度是对乡村经济活动进行科学管理的有效手段，是现代乡村社会治理体系的重要组成部分。

（一）强化村级财务管理意识

村级财务管理工作是地区发展的基础和前提，可以为村集体经济效益的提高提供强大支撑。村支两委要充分意识到这一工作的重要性，加强对财务管理的重视。要主动加强对财务管理各项工作职责的了解，带头学习新理念、新思想，积极运用现代化先进管理模式，促进村级财务管理工作规范化。

（二）完善村级财务管理体制

要因地制宜，建立完善与经济发展水平相适应的村级财务管理体制。对于经济相对落后、村级财政收入以政府转移支付为主、村民意识不强、财务制度缺乏、财务人员素质不高的村，执行目前常采用的村账乡管模式，灵活实施村级会计委派制或村级会计代理制，逐步健全村级财务制度。对于经济发展水平高、发展速度快、村集体经济收入多、村民意识强、财务制度健全的村，可以采用村账村管模式，建立完善的财务内控制度保障运行，提升法制化建设水平。对于村集体经济收入与政府转移补贴支出并重的情况，应采用村级会计委托代理制，依据不同会计制度探索将村委会和村集体经济组织分开核算，保证财务规范。

（三）健全村级财务管理制度

要以国家关于村级财务管理的相关制度为基础，制定符合自身实际情况的村级财务管理制度，明确规定财务审批的具体环节、财务手续的相关流程、账务处理的具体规则等，提升村级财务管理活动和流程的规范化水平。要强化收支管理制度，强化村级支出限额制。要强化财务审批制度，明确细化村党支部书记、村委会主任、会计在财务管理工作中担负的责任。要强化资金管理制度，实行账款分开，严禁坐收坐支。要强化专项审计制度，重点审查工程发包、土地补偿费以及"一事一议"筹集资金的使用情况。要强化责任追究制度，对村级违规举债、财务不公开、收入不入账、坐收坐支、非生产性支出过大、不执行财务管理制度等村级财务管理问题形成问责机制，并加大监督检查力度。

（四）提高管理和从业人员业务素质

要加强对村党支部书记、村委会主任、村务监督委员会主任和村民主理财小组负责人的政策法规及业务知识的培训，提高其政策水平和业务素质，充实和更新财务管理知识，进一步增强财经法规意识，规范村级财务管理。要合理配备财务人员，强调持证上岗，同时，强化对农村会计人员的后续教育，系统地对财务人员进行培训，不断提高其专业技能和道德操守。要加强会计代理人员与代理村的沟通和联系，掌握代理村发生经济业务实质，摒弃"代理会计就是代理记账"的观念，履行好会计监督职责。通过打造一支精通村级财务制度和会计业务的财务人员队伍，让村级财务管理工作事半功倍。

（五）强化村级财务监督与信息公开

要强化村级财务内部控制，落实民主理财制度，建立民主理财小组，明确赋予民主理财小组监督权、知情权、审核权及建议权，定期召开民主理财会议，广泛听取群众意见和建议。发挥村务监督委员会在村级财务管理中的监督作用。要建立村级财务信息公开制度，依法公开村级财务相关信息，让广大村民予以监督，促进村级财务管理制度化、规范化。

第五节　生态与精神文明建设

一、生态文明建设

（一）生态环境保护

乡村生态环境保护是一项长期、系统并且复杂的工程，应重点从自然环境建设、生态经济发展和生态文化建设三个方面着手抓。

1. 保护乡村自然环境。重点做好耕地保护和土壤治理。进一步落实耕地保护责任，实现耕地占补平衡，推动乡村土地综合整治。控制和消除土壤污染源，加强对工业"三废"的治理，对各种污染源排放进行浓度和总量控制。加强水资源和水环境保护。推广节水灌溉技术，实施农药化肥减量增效工程，提高农业水、肥利用效率，重点保护地下水源，推广切实可行、因地制宜的低成本污水处理技术。加强林草植被建设。禁止毁林、毁草开垦、无序放牧，保护具有水涵养功能的自然植被，开展植树造林，增加地面植被覆盖率，恢复和保持植被生态系统和生物物种多样性。

2. 推进乡村生态经济发展。要加快农业发展绿色转型。实施化肥、农药"两减"，大力发展和施用生物肥料，使用高效绿色农药和生物农药，推广畜禽水产绿色健康养殖技术，控制农业面源污染。要促进循环经济发展。构建"养殖—种植""农—林—牧"等农业循环链，推广生活污水生态处理、农用地膜替代或回收、秸秆综合利用等一系列循环农业技术。努力探索多元乡村生态经济发展模式。根据本村山水资源、传统习俗和人文景观条件，坚持生态第一、环境优先的原则，引导居民从自身实际出发，开辟花卉苗木种植、土特产品生产、休闲旅游服务等新型产业，让他们从资源和环境保护中受益，获得更多的经济收入，从而激发他们参与保护环境的积极性。

3. 保护乡村生态文化。加大乡村环保宣传教育力度。通过发放环保知识宣传手册，定期举办环保知识讲座等方式，提高居民的整体生态意识，动员广大群众自觉参与生态环境保护，努力推进人与自然的和谐发展。建立健全公众参与环境保护监督机制，拓宽村民参与环境保护的途径，成立村一级环保自治组织、建立公众听证和强化信息公开等措施，充分调动广大村民参与环保的积极性。开展形式多样的生态示范村创建活动。通过创建国家、省、市级生态乡村活动，营造"比学赶超"的良好氛围，同时通过示范带动乡村生态环保建设。

（二）环境卫生治理

村域环境卫生治理应围绕"三清一绿"（清洁家园、清洁水源、清洁田园和绿化村庄），重点做好以下方面的工作。

1. 清洁家园。主要实施"三清"。一是清垃圾，实行垃圾日产日清，严禁向沟渠、道路和公共场所乱倒、乱扔、乱堆垃圾。二是清杂物，重点清理村落道路两旁、村庄空地私搭乱建、柴草乱堆、土石乱放等现象。三是清环境，对村庄进行美化亮化。

2. 清洁水源。主要实施"四治"。一是治理污水，有条件的村落要加强污水收集管网和污水处理设施建设，对能接入污水管网的农户和经营户要求建设有关污水处理设施，污水经处理后进入管网。对不能接入污水管网的农户和经营户，要建设污水生态处理设施或按环保部门要求建设污水处理设施。二是治理人畜粪便，要加强户用卫生厕所建设，畜禽粪便要进行资源化利用或无害化处理。三是治理沟渠河道，对河道排水沟渠、村庄四周废弃坑塘进行清理整治，取缔沟渠排污口、清理堆积物和水面漂浮垃圾与杂物，保持河道、沟渠、池塘清洁。四是治理经营场所，对村庄内餐饮、农家乐、休闲会所、路边经营店、修理店等进行全面调查摸底，查清排污状况，落实污水处理措施。

3. 清洁田园。主要实施"三推"。一是推广秸秆综合利用，禁止焚烧作物秸秆。二是推广农膜回收或可降解农膜，防止农田白色污染。三是推广生态种植，实施"两减"（减少化肥、减少农药），推广应用生态绿色控虫、控草等先进生产技术。

4. 绿化村庄。主要实施植树造林，加强村落道路行道树培管，对村庄空坪隙地落实种花、种草、种树，绿化美化村庄。

加强村域环境卫生治理要通过强有力的措施来落实。首先，加强宣传，增强村民意识。要充分利用村内宣传教育阵地，大力宣传农村环境卫生治理的重要性，积极引导广大农民摒弃陈规陋习，培养他们健康文明的生产、生活方式，强化他们的环境卫生和环境保护意识。其次，干部带头，示范引领。村支两委成员要亲身示范，深入到各村小组全面清理村庄的陈年垃圾、卫生死角以及村庄周边的白色污染等。要以身作则，做好自家卫生工作，展现自家的环卫风采。要对乱倒垃圾、破坏村容整洁的行为进行劝导和制止。再次，"比学赶超"，村民参与。实现村庄环境卫生治理长期化、持续化，必须依靠村民的力量，让他们"动起来"，实现"要我保护"向"我要保护"的转变。要请村民"看一看"村庄环境卫生整治前后的面貌变化，"评一评""议一议"如何做好环境卫生工作，全方位地让村民意识到保护环境卫生的重要性。要开展村民环境卫生评比，通过卫生互评，相互促进、以点带面、以优促差，激发全体村民参与建设干净优美环境的积极性。最后，建好制度，完善机制。要将文明卫生、村容村貌和环境保护等内容增加到"村规民约"条款中，明确村民自身的责任和义务。要制定村域卫生管理制度，明确农户"门前三包"（包卫生、包秩序、包美化）义务，并要求农户与村委会签订"门前三包"责任状，以确保每家每户环境卫生责任落实。村委会要建立环境卫生督查制度，把定期督查和不定期督查结合起来，形成各村小组相互督查、相互促进的良好局面。

（三）日常环境管理

村域环境日常管理是一项基础性、长久性工作，在加强必要设施建设的基础上，重在建设一套好的长效管理机制并加以落实。

1. 建设必要设施。 要根据实际工作需要，加强垃圾站点、收集转运车辆、垃圾桶等建设，而且对设施和车辆要进行专人管理、专人操作、专项经费保障，确保正常运行。

2. 建立长效机制。 一是领导到位。村支两委要统筹安排，明确专人负责，把村域环境日常管理不仅要当作一项面子工程，更要当作一项民生工程来抓。二是人员到位。村里要根据服务范围和人口数量，配齐配足专职保洁员。必要时还应建立村环卫保洁站，保洁站负责人可由村民委员会成员兼任。三是经费到位。要争取将村保洁员报酬纳入乡镇财政预算予以专项保证。村级环境日常管理经费可通过向村域内企事业单位收取和按一定标准向村民收取的办法解决。四是管理制度到位。建立保洁作业制度，对垃圾作业保洁和处置要规范化。建立考核奖惩制度，对保洁员出勤、工作效果进行量化考核，并将考核结果作为奖惩依据。建立监督检查制度，坚持日常检查与不定期督查相结合，对检查督查中发现的问题要督促进行整改。

二、精神文明建设

（一）弘扬社会主义核心价值观

在农村培育和践行"富强、民主、文明、和谐，自由、平等、公正、法治，爱国、敬业、诚信、友善"的社会主义核心价值观，有利于提升农民思想境界，转变农民思想观念，进而促进农村和谐稳定和乡村振兴。

一是加强教育引导，使社会主义核心价值观真正融入村民社会生活。通过宣讲、节庆、专题活动等多种形式，以唱响共产党好、社会主义好、改革开放好为主旋律，引导村民把自身幸福与集体、国家前途命运紧密联系在一起，真正认同、自觉接受和主动践行社会主义核心价值观。重点加强对青年人的教育和引导，注重引导好、使用好青年人，让他们在实践中养成正确的人生观、价值观和世界观，成为正能量的弘扬者、传播者。

二是重视舆论宣传，使社会主义核心价值观真正融入村民日常生活。注重利用新媒体平台和宣传牌、海报等传统宣传手段，营造浓厚舆论宣传氛围，进一步引导村民践行社会主义核心价值观。

三是凸显文化熏陶，使社会主义核心价值观真正融入村民精神生活。从本村实际出发，开展主题鲜明、形式多样、丰富多彩的文化活动，使社会主义核心价值观潜移默化在村民中入心入脑。要将传统文化与现代文化有机结合起来，开展专题特色教育，不断增强村民的爱国主义、集体主义和社会主义意识。

四是强化实践养成，使社会主义核心价值观真正融入村民个人生活。在推进乡村振兴的过程中，坚持解放思想、实事求是，开创发展的新路子；坚持劳动奉献，用自己的双手创造幸福生活；坚持诚实守信，塑造、传承良好人文精神。

（二）发展传统文化

乡村传统文化根植于农耕文明，包括物质的、精神的文化实体和文化意识，如传统建筑、农耕器具、风土人情、歌舞艺术、生活方式、民族服饰、古典诗文、忠孝观念等。乡村传统文化保存着中国农业文明的文化因子，展现出极具中国传统文化特色的文化价值和文化魅力。

乡村传统文化包括物质形态文化和非物质形态文化。物质形态文化主要包括自然景观和文化遗产等。自然景观如三山五岳、佛教四大名山、道教四大名山、四川九寨沟、湖南武陵源等。文化遗产包括文物古迹、建筑群、考古遗址等，如陕西秦兵马俑、敦煌莫高窟、曲阜孔庙、山西平遥古城等。古村落也是文化遗产的一部分，如贵州西江千户苗寨，吊脚楼鳞次栉比，展示了苗族的传统文化。非物质形态文化主要包括民俗文化、红色文化、道德观念等。民俗文化如清明庙会、庄子祭祀大典、中国朝鲜族的"农乐舞"等。红色文化是中国共产党、先进分子和人民群众在革命斗争中孕育的先进文化，如红船精神、井冈山精神、延安精神、西柏坡精神等革命精神。道德观念是人们对自身、对他人、对世界所处关系的认识和看法。道德观念潜移默化的影响可以促进文明和谐，促进乡村振兴。

发掘传承乡村传统文化，首先，坚持因地制宜科学开发的原则。各地在保护特色乡村文化基础上，要因地制宜进行发掘传承，避免"千村一面"。在乡村传统文化开发过程中，注重开发利用当地独特且丰富的就近原材，充分发掘其文化内涵，例如，开发乡村特色的美食、景观、歌舞、工艺品、节日、服饰、习俗等。另外，乡村传统文化开发过程中要始终坚持科学开发的原则，避免高投入、高污染、高能耗、低效益的粗放型发展模式。让乡村传统文化在现代化进程中保有自身"乡土民情、田园风光"特色的同时，推动城乡融合发展，以人为本实现乡村振兴。其次，促进乡村传统文化创造性转化和创新性发展。对历史文化名村，要重视村志村史的编纂，尽可能保留乡村历史文脉。对有特色的古村落，要挖掘当地的传统文化元素进行创新规划，坚持修旧如旧的原则，使其成为民族特色和文化内涵兼具的旅游休闲景区，拓展传统文化发展新空间。对普通乡村，要积极发掘培育亮点，建设农耕文化主题博物馆，开展特色农业文化节庆活动等。要培育挖掘乡土文化本土人才，通过文化结对帮扶、企业出资、个人捐助等多种方式，吸引社会各界人士投身乡村传统文化建设。再次，重视乡村文化开发资本和人才引进。要通过争取政府支持、社会资本引进等加大乡村文化开发资金投入，重视乡村文化基础设施如文化舞台、文化广场、图书小屋等建设，丰富村民的文化生活，提高他们参与乡村传统文化生活的积极性。要注重引进文化策划、咨询机构和文化艺术专家帮助和扶持乡村传统文化产业项目定位、产业布局、经营管理和复合型创新型人才培养，为本地高质量发展乡村传统文化产业提供智力支持。要重视发挥大学生村官、驻村工作队等在乡村传统文化发掘传承中的重要作用，助力乡村传统文化发掘。最后，铸造特色传统文化品牌。要充分挖掘当地历史文化内涵，展现其特有的乡土风情，在衣食住行等方面融入当地文化特色，积极打造本土文化品牌，形成系统完整的文化产品产业链。如开展主题节日、特色美食、植物花卉种植等特色旅游。同时，在品牌塑造的过程中也要注重质量与效益的关系，坚持质量优先，形成过硬品牌，实现绿色发展，要尊重和优化乡村原有的生态环境，将展现乡村文化的特色美丽风貌作为核心竞争力。

（三）创办文化讲堂

创办文化讲堂是活跃村民文化生活，弘扬优秀传统文化、传统美德和时代精神的有效形式。

1. 确定文化讲堂主题。根据本村实际和需要，确定有特色的文化讲堂主题，如隆平文化讲堂、乡村儒学讲堂、乡村美学讲堂等。

2. 制定文化讲堂实施方案。一般为制定年度实施方案，明确文化讲堂主要内容、组织领导、工作目标、工作安排、保障措施等。根据讲堂内容，实行定期开讲或者不定期开讲。

3. 聘请主讲嘉宾。根据年度主讲内容和村民接受程度，聘请各期主讲嘉宾，可以是村民身边的英雄模范、道德模范、劳动模范等，也可以聘请高校、科研院所和企业有关专家。

4. 争取政府支持。根据村集体经济实力和文化讲堂开办效果等情况，积极争取上级有关部门专项支持，保证文化讲堂持续开办、办出特色和成效。

（四）制定村规民约

村规民约是村民进行自我管理、自我服务、自我教育、自我监督的行为规范，是引导基层群众践行社会主义核心价值观的有效途径，是健全和创新党组织领导下自治、法治、德治相结合的现代基层社会治理机制的重要形式。

1. 村规民约包含的基本内容。村规民约一般应包括五个方面的内容：一是规范村民日常行为方面的内容，如倡导积极参与公共事务，共同建设和谐美好乡村等。二是维护公共秩序方面的内容，如倡导诚实劳动，合法经营等。三是保障群众权益方面的内容，如依法保障妇女儿童等群体正当合法权益等。四是落实党的政策、执行法律法规方面的内容，如落实义务教育，自觉服兵役等。五是精神文明建设方面的内容，如提倡邻里团结、互谅互让，推进移风易俗等。

2. 制定村规民约应遵循的基本程序。①宣传发动。村民是制定村规民约的主体，因此必须让村民知道、理解并积极参与。要利用广播、开会、村务公开栏等形式进行广泛宣传，特别是要向村民讲清楚，村规民约是村民群众自己制定的，约束的是大家的行为，村支两委会既没有权力自己制定村规民约，也不能利用村规民约来"收拾"村民。②拟定草案。在充分调查研究及广泛征求群众意见的基础上，拟定本村村规民约的框架，确定本村需要规约的具体事项，再集中力量对村民提出的各种建议和意见进行分类梳理，同时听取驻村党代表、人大代表、政协委员、机关干部、法律顾问、妇联执委等人员的意见和建议。经过反复比较、细致研究后，根据多数村民的意见拟出村规民约初稿。③讨论修改。草稿完成后，先提交村支两委提出修改意见，确定第二稿。再将第二稿提交村民代表会议讨论，根据村民代表的意见确定第三稿。最后以村民小组为单位将第三稿发放到村民中，再次征求意见，并根据村民意见确定第四稿。在讨论修改过程中，要尽量反映村民好的意见和建议。对于没有吸收的村民意见要进行必要的解释。当村支两委的修改意见与村民代表会议的意见相左时，应采纳村民代表会议的意见。④提请审核。修改定稿后，以村委会名义把村规民约草案报乡镇党委、政府审核把关，重点就草案是否与有关法律、法规和政策冲突问题提出意见，并将审核意见以书面形式反馈。根据乡镇党委、政府的意见进行修改，形成第五稿。对违反国家法律及政策规定的草案条款，要坚决改正，并及时向村民代表会议和广大村民通报。⑤审议表决。由村委会主持召开村民会议，将修改后的村规民约提交会议审议讨论，根据讨论意见修订完善后提交会议表决通过。未根据审核意见修改的村规民约不应提交村民会议审议表决。表决未通过的，要再次征求村民意见，修改后再行表决。⑥备案公布。村委会应于村民会议表决通过后十日内，将村规民约报乡镇党委、政府备案，经乡镇党委、政府严格把关后予以公布。村委会可通过开会、张贴等形式向村民公布，宣布其生效日期。条件允许的，也可以印刷成小册子，一户一册发放到村民家中。

3. 加强对村规民约实施的监督。要充分发挥村务监督委员会的作用，加强对村规民约遵守情况的监督，村支"两委"成员、人民调解员和德高望重、办事公道的群众代表要共同参与监督。充分发挥村民议事会、人民调解委员会、道德评议会、红白理事会等群众组织的作用，强化村规民约的遵守和落实。要建立健全有关激励机制，通过开展模范村民评选、文明家庭创建等活动，促进村规民约的落地生根。对违反村规民约的情形，要加强批评教育，并通过合理的处理方式，使违反者受到教育、改正错误，但不得滥用强制处罚，特别要防止以村规民约代替法律制裁。

第四章

村级治理体系

第一节 村级治理组织体系

乡村组织是乡村治理的重要主体和平台。从发展历程来看，中国古代乡村治理主要采用自治与官治相结合的形式，特别是宋代以后直至新中国成立，宗族自治是最重要的形式，宗族也是乡村治理的重要主体。费孝通先生在《乡土中国》中说"国权不下县，县下唯宗族，宗族皆自治，自治靠伦理，伦理造乡绅"。新中国成立后，宗族治理形式逐渐消退，取而代之的是基层党组织与村级自治相结合的形式。时至今日，随着经济社会的深度变化，乡村治理模式也在随之变化，乡村治理组织体系向多元化方向发展。为更好推进乡村治理，2019 年 6 月中共中央办公厅和国务院办公厅联合印发《关于加强和改进乡村治理的指导意见》中明确提出"建立以基层党组织为领导、村民自治组织和村务监督组织为基础、集体经济组织和农民合作组织为纽带、其他经济社会组织为补充的村级组织体系"。就目前而言，我国村级治理组织体系是由基层党组织、村民自治组织、监督组织及集体经济组织、农民合作组织和其他组织构成，其中基层党组织是核心。

一、村级党组织

村级党组织（党支部、党总支、党委）是党在农村的基层组织，是党在农村全部工作和战斗力的基础，全面领导村级的各类组织和各项工作。《中国共产党农村基层组织工作条例》规定："以村为基本单元设置党组织。有正式党员 3 人以上的村，应当成立党支部；不足 3 人的，可以与邻近村联合成立党支部。党员人数超过 50 人的村，或者党员人数虽不足 50 人、确因工作需要的村，可以成立党的总支部。党员人数 100 人以上的村，根据工作需要，经县级地方党委批准，可以成立党的基层委员会，下设若干党支部；村党的委员会受乡镇党委领导。"村党的委员会、总支部委员会、支部委员会每届任期 5 年，由党员大会选举产生。村级党组织是村治理的核心，全面领导村民委员会及村务监督委员会、村集体经济组织、农民合作组织和其他经济社会组织。

二、村民自治组织

村民自治组织是指村民会议或代表会议及其选举产生的村民委员会、村务监督委员会。村民委员会是村民自我管理、自我教育、自我服务的群众性自治组织，是村级治理的基础力量。

（一）村委会产生及职责

村民委员会由民主选举产生，是一种准政权式的自治组织。民主选举改变了长期以来由乡镇任命的历史，把村干部的选举任用权交给了村民，改变了村干部只接受来自上面的指令、只对上级负责的局面。民主选举的村干部才有可能倾听来自农民群众的声音和接受村民的监督。从理论上来说，民主选举是切实实现村级自治的重要举措，让村民自己决定、自主办理村内的事务。村民委员会由村民会议或村民代表会议选举产生，并对村民会议或村民代表会议负责。村民委员会由主任、副主任和委员三至七人组成。委员中须有一名女性成员。每五年选举一次，没有终身制，任何组织或者个人不得指定、委派或者撤换村民委员会成员。

村委会应向其选举出来的村民大会负责。根据法律规定和约定，村委会的主要职责有：宣传贯彻宪法、法律、法规和国家的政策；维护村民合法权益，教育和推动村民履行法律、法规规定的义务；发展文化教育，普及科技知识，促进村和村之间的团结、互助，开展多种形式的社会主义精神文明建设活动；依照法律规定，管理本村属于村农民集体所有的土地和其他财产，教育村民合理利用自然资源，保护和改善生态环境；支持和组织村民依法发展各种形式的合作经济和其他经济，承担本村生产的服务和协调工作，促进农村生产和社会主义市场经济的发展；尊重村集体经济组织依法独立进行经济活动的自主权，维护以家庭承包经营为基础、统分结合的双层经营体制，保障集体经济组织和村民、承包经营户、联户或者合伙的合法财产权和其他合法的权利和利益；举办和管理本村的公共事务和公益事业；组织实施本村的建设规划，兴修水利、道路等基础设施，指导村民建设住宅；依法调解民间纠纷，协助维护本村的社会治安，向人民政府反映村民的意见，要求和提出建议；向村民会议或者村民代表会议报告工作并接受评议，执行村民会议或者村民代表会议的决议、议定；建立健全村务公开和民主管理制度；法律、法规规定的其他职责。

（二）村务监督委员会

村务监督委员会由村民会议或村民代表会议选举产生，是村级民主监督机构，依法独立行使监督权，是与村委会并行的监督机构，监督村务管理制度的实施和村务管理的运作。村务监督委员会 2004 年首创于浙江武义县。2010 年在《村民委员会组织法》修订中明确了村务监督委员会的组成及职责。

近些年来，农村经济社会发生了深刻变化，有的地方出现了民主监督流于形式、村干部用钱用权行为不够规范甚至引发贪污腐败等损害农民利益的问题。为更好规范村委会的运行，村应当建立村务监督委员会或者其他形式的村务监督机构，负责村民民主理财，监督村务公开等制度的落实。村务监督机构成员由三至五人组成，其中应有具备财会、管理知识的人员。村务监督机构成员由村民会议或者村民代表会议在村民中推选产生，可以连选连任，任何组织或者个人不得指定、委派或者撤换村务监督机构成员。村务监督机构成员应奉公守法、品行良好、公道正派，具有较高的群众威望。

（三）村民议事会

严格来说村民会议和村民代表会议是村级事务的决策机构，然而经济社会已发生深刻的变革，召开村民会议几乎已不可能，大规模的村民代表会议也难以召集。为了更好地将村民自治的决策、执行权分开，科学设立村民议事会部分代替村民会议的职责很有必要。村民议事会是指在农村通过党员和村民代表推选出的 5～11 人的农村事务会商议论小组。它是按照村民人数多少产生出的群众性非正式组织，其成员多是德高望重的老村干部或有智谋、善监督的本村村民，其主要职责是对现任村委会决策村内大事之前进行调研论证，在决策之中进行献计献策，在决策之后实施监督。村民议事会是村自治的补充力量。

（四）运行机制

当前，我国村级治理基本形成了以村级党组织为核心，以村民代表会议、村民委员会、村务监督委员会为主要组成部分的治理构架。村级党组织是村级事务治理的领导核心，领导村民代表会议（或村民会议）、村民委员会及村务监督委员会开展工作。村民代表会议（或村民会议）、村民委员会及村务监督委员会分别履行村级事务的决策、执行、监督职责。村民委员会由村民代表会议选举产生，其工作对村民代表会议负责，是村级治理的重要组成部分，在村党组织领导下，按照"四议两公开"的工作机制，执行村民会议的决定，完成上级部门交付的任务，落实民主决策、民主管理、民主监督，接受村务监督委员会、村民及其他组织的监督。村务监督委员会按国家法律和村规民约对村委会进行监督，发现问题向村民代表会议报告和上级政府报告。组织构架如下图 4-1 所示。

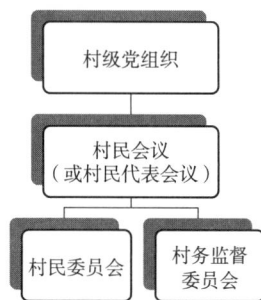

图 4-1　村级治理组织架构

三、新型经济组织

（一）集体经济组织

农村集体经济组织始于新中国成立后的合作化运动，农户将自己的生产资料（土地、较大型农具、耕畜）交出来形成集体，从而组建成以生产队为单位的集体经济组织。随着时代的变迁，行政村和村民小组成为集体经济组织。事实上，目前在我国绝大多数地方，以行政村为名义的集体经济组织并没有开展生产经营活动。村内归集体所有的资产由村委会代为管理。然而在实践中，村委会与集体经济组织的关系仍有纠结不清的地方。村民委员会是村民自我管理、自我教育、自我服务的基层群众性自治组织，实行民主选举、民主决策、民主管理、民主监督，是我国农村实行的村民自治制度的主要组织载体。按我国当前的法律规定，我国农村的基本经济制度是"农村土地集体所有制"和"家庭承包、统分结合的双层经营机制"，严格来说，土地集体所有由集体经济组织来管理。事实上，当前很多集体经济事务仍由村委会来承担。2016年党中央和国务院联合下发《关于稳步推进农村集体产权制度改革的意见》，文件明确指出："农村集体经济是集体成员利用集体所有的资源要素，通过合作与联合，实现共同发展的经济形态。"

经济是治理的基础。目前，我国村级组织的主要经济来源是来自上级财政的转移支付。为更好培育村级集体经济，管理村组经济事务，需构建有效集体经济组织，合理界定经济组织与村委会的职责范围，构建有效的治理结构，处理好与村级党组织、村委会之间关系，完善收益分配机制。

为了适应发展的需要，一些地方开展探索尝试建立村经济合作社、村股份合作社等经济组织，作为村级集体经济组织开展生产经营活动，充实村级集体资产。上述经济组织承担村内资源开发与利用、资产经营与管理、生产发展与服务、财务管理与分配的职能。

（二）农民合作社

农民合作社是在农村家庭承包经营基础上，农产品的生产经营者或农业生产经营服务的提供者、利用者，自愿联合、民主管理的互助性经济组织，是国家重点支持发展的农村新型经营组织。农民合作社一般是以村为单位联合组建，也有跨村、跨乡镇的农民合作社，是农村中重要的经济组织，新型的农业经营主体。农民合作社由农民及相关主体自愿组建，其主体未包含全体村民。农民合作社的职能根据合作社的性质不同而不同，以其成员为主要服务对象，提供农业生产资料的购买，农产品的销售、加工、运输、贮藏，生产托管、代耕代种、机耕机收、病虫害防治等服务及与农业生产经营有关的技术、信息等服务。

国家高度重视农民合作社等新型农业经营主体的培育，出台了一系列政策举措。截至 2019 年底，全国已有农民合作社 224.1 万家。农民合作社在促进小农户与现代农业发展有机衔接，推动农业现代化和乡村振兴中发挥了重要的引领作用。农民合作社不仅在乡村农业经济发展中起到了重要作用，而且在乡村治理中为组织农民、带动农民起到了不可估量的作用。

四、新型社会组织

（一）群众组织

当前，妇女和老人是农村常住人口的主体，也是乡村治理的重要力量。调动和发挥妇女、老年人的积极性，提升他们的能力，完善妇联、老联等群众组织对完善乡村治理有重要的现实意义。

农村的妇女群众组织主要是妇女联合会（简称妇联），妇联实际上是一个官方的全国性组织。村内设有妇女代表会议，在村委会中设有妇女主任职务。妇代会及妇女主任在村级治理中起到很重要的作用，特别是妇女主任在以下多方面都起到了不可替代的作用：①村内家庭矛盾；②宣传党和政府的政策，帮助农村妇女建立自信心、树立自强精神；③组织农村妇女参与各项与家庭建设有关的活动，提高农村妇女的文化水平和思想水平；④积极宣传各项科普知识、健康生活方式以及优生优育观念；⑤帮助农村妇女及儿童维护自身的合法权益。

农村老年人组织以老年人协会为主。老年人协会是一个互助性的群众组织，村老年人协会接受村级党组织领导。老年人在村中威望相对较高，在化解村内矛盾、宣传政策方面有着独特的作用。

（二）行业协会

行业协会属于中介组织的性质。当前，拥有行业协会的村并不多。行业协会一般存在于产业较为发达的乡村。行业协会在协调产业发展方面发挥着重要作用，并由于有着较为雄厚的经济实力，在村民中的威信较高，在村级治理中的影响力很大。同时行业协会也有着独特的利益诉求，容易利用其影响力损害其他成员的利益。

（三）其他非正式组织

随着经济的发展，人们生活形态越来越丰富，随之也产生了相应的一些生活性的非正式组织，如广场舞团、书法协会等。这些组织没有固定的活动场所、经费来源多为自行筹集。由于成员与成员之间有共同的思想感情和爱好，彼此吸引、相互依赖，是自发形成的团体，成员联系更为紧密。非正式组织一旦形成，即产生各种行为的规范，影响着成员的行为，特别是核心成员在组织中有着较高的影响力，信息在成员之间流通更为通畅。

加强对上述组织团体的引导、交流沟通非常重要。在村规民约制订、重大项目建设、村内重大事项决策时以适当方式与其主要成员进行沟通，征求他们的意见，了解他们的想法，可以争取更广泛的支持。

第二节　村域"三治"

在国家的乡村振兴战略中明确提出要建立健全自治、法治、德治相结合的乡村治理体系，以"自治为核心、法治为保障、德治为灵魂"构建乡村治理的基本制度。

一、村民自治

改革开放以来，随着我国农村经济体制改革和国家民主化的推进，村民自治作为农村社会治理模式应运而生，作为农村基层民主政治建设的核心内容，以村民自治为核心的农村基层民主制度，为亿万农民依法直接行使民主权利提供了重要保障，培育了农民的民主法治意识，提高了他们参与民主管理的能力，促进了农村经济发展，丰富和发展了中国特色社会主义民主理论和制度，村民自治是体现村民意志、保障村民权益、激发农村活力、实现乡村振兴的重要基础。当然，随着时代的变迁，村民自治还面临着许多实际问题需要解决。

当前，我国农村村民自治面临农村空心化、农民参与自治热情不高、农村可支配资源有限、村民利益难协调、决策效率难提高、民主决策难形成、村干部素质水平待提高等难题。

一是村民参与性不高。中国农民有着不太关心政治和公共事务的传统。但是最主要的还是当前村民缺乏规范的利益表达机制，村干部素质低下漠视村民的利益诉求也导致村民缺乏积极性。另外，随着经济发展，绝大部分青壮年农民外出务工，留守的村民素质相对较低，诉求利益愿望更低。

二是村级组织缺乏可供支配的经济资源。经济是治理的基础。改革开放以后，村级集体经济组织可供支配的资源非常有限。行政村用于村建设和发展的资金主要来自上级各部门的转移支付，而上述资金绝大部分又是专项资金，只能用于规定的项目，村民和村干部均没有太多的自主权，这在很大程度上影响了村级的自治。

三是村民利益难协调。随经济发展，村民之间的分化严重，经济条件不同的村民、年龄不同的村民、区域不同的村民之间利益诉求都不同，协调难度大，且绝大多数村民只关注个人利益，不关心公共利益。另外，在我国由于很多村庄是两级（即村、组）经济，这就造成村组利益与村庄利益的难以协调。分散在不同村组的村民，更为关注与自身利益密切相关的村组事务，对于整个村庄的事务则很难形成共同的要求和愿望。

四是村内重大事务决策效率低。村民之间利益诉求难以协调是导致效率低的重要原因。除此之外，村民大会、村民代表会议召开难度大、表决难度大也是重要制约因素，特别是合村并组之后，村域规模显著扩大，村级人口成倍增长无形中增加决策的难度。

五是村干部治理水平有待提升。由于绝大多数村民选择外出务工或经商，高素质的人才大部分已外出。目前，绝大多数地方村干部年龄偏高，素质偏低。与此同时，村民民主意识不断增强，而村干部治理方式却滞后于村民的权利诉求，引发了一系列矛盾。"支书一言堂"盛行，挤压村委会的作用和群众的主体地位；干部替代群众"做主"，在涉及村庄发展的重大事项上，村干部凭借个人的主观意识去决定是否召开村代会，忽视群众的自治能力。

针对当前存在的问题，要坚持自治为基，把农民动员起来、组织起来，使他们以组织的形式参与乡村公共事务的治理。特别是要完善制度，创新机制，大力推进村务公开，发挥社会各类人才等群体在乡村治理中的作用，完善民主选举、民主决策、民主管理、民主监督四位一体的村民自治体系。

（一）村民选举制度

村民选举制度是村级自治的重要基础。村民选举制度是关系村民按照自己的真实意图、依照一定的程序依法选举产生和罢免村委会成员的制度，它由有关选举的一系列原则、程序、方法按法定规范形成的具体制度构成，对于保障村民民主权利发挥着重要作用。事实上我国地域辽阔、文化多样，各地在落实村民选举制度上存在着各种的问题。为了更好落实村民选举制度，依据《中华人民共和国村民委员会组织法》，民政部在 2013 年出台了《村民委员会选举规程》，许多省份采用出台管理办法或实施意见等方式制定适合本地的制度，如广东、湖南、湖北等省份出台了《村民委员会选举办法》。

民政部出台的《村民委员会选举规程》规定了村民选举委员会的产生办法、工作职责及选举委员会成员的相关要求，明确了村民委员会选举产生的程序、投票的规则，并对新老两届委员会的交接工作进行了规定。

总体而言，我国村民委员会的选举制度较完善，而且也得到了较好的执行，良好的制度保障为村民自治奠定了基础。然而随着社会的发展，村情、民情发生了较大变化，现有的制度需要不断完善和优化。一是选举委员会的组建方式有待进一步改进。《村民委员会选举规程》规定"村民选举委员会由主任和委员组成，由村民会议、村民代表会议或者村民小组会议推选产生，实行少数服从多数的议事原则""村民委员会选举工作方案应当由村民会议或者村民代表会议讨论通过"。在实践中绝大多数村很少召开村民会议或村民代表会议，村民选举委员会一般会由所属乡镇政府指定，所谓的推选只是一种形式。二是选民登记存在问题。由于当前大多数村民均在外务工或经商，选民登记一般是由在家的亲属代替，投票也同样如此。而往往在家的这部分人素质偏低，参与积极性不高，在投票时没有主见，容易受到别人意见的左右。三是罢免程序启动太复杂，事实上仅靠村民自发行动很难实现，特别是合村并组之后，要拉动三分之一的人口共同行动很难。

可见，进一步完善村民选举制度在当下仍有着十分重要的现实意义。完善选举制度，首先是要完善村民会议、村民代表会议两大制度。事实上，随着合村工作的展开，召集全体村民召开会议的可行性已不存在，更为现实的办法是完善村民代表会议制。要根据各地（省）的实际情况，做好顶层设计，明确代表数量、代表的产生办法、村民代表会议的召开机制等内容。其次是完善投票机制。随着信息技术的发展，智能手机越来越普及，应探索线上与线下结合的全民投票机制，适当限制委托投票的数量。同时应将候选人的资料及其竞选材料向全体村民公开。通过完善选举制度，真正体现村民意志，选出村民合意的村委会成员，也只有这样，村委会成员们才能切实体现绝大多数村民的意志，并接受村民的监督。

（二）村民会议或村民代表会议制度

村民会议是村民实现直接民主的基本形式。按照《村民委员会组织法》的规定，召开村民大会，应当有本村 18 周岁以上村民的过半数参加，或者有本村三分之二以上的户代表参加，所作决定应当经到会人员的过半数通过。村民会议由村民委员会召集。有十分之一以上的村民或者三分之一以上的村民代表提议，应当召集村民会议。村民会议或村民代表会议的主要职权有：制定规章权、人事任免权、议事决策权和民主监督权。同时《村民委员会组织法》第二十五条规定：人数较多或者居住分散的村，可以设立村民代表会议，讨论决定村民会议授权的事项。村民代表会议由村民委员会成员和村民代表组成，村民代表应当村民代表会议组成人员的五分之四以上，妇女村民代表应当村民代表会议组成人员的三分之一以上。村民代表由村民按每五户至十五户推选一人，或者由各村民小组推选若干人。村民代表的任期与村民委员会的任期相同。村民代表可以连选连任。

在全国人民代表大会释法中明确规定，村民代表会议不能完全代替村民会议。在实践中，绝大多数地方，村民会议很少召开，即使是选举村委员这样的重大事项也是用村民代表会议来代替村民会议。然而召开村民会议的条件似乎已不存在，以湖南为例，2019 年湖南行政村的平均人口达到 3 000 人，按户3.5 人估计，召开一次村民大会 800 多人。如此庞大的会议，讨论、决策效率将会是何等之低。事实上，在绝大多数村内也没有类似的场地召开这类规模的会议。因此，在完善村民会议的基础上，完善优化村民代表会议制度是现实的选择。村民代表会议是村民会议授权的议事、决策机构，是村民行使民主权利的重要组成形式。

完善村民代表会议制度，首先是要明确村民代表具备的条件，产生的方式及其职责，目前，我国在国家层面并未对此做出明确规定，但是有个别省份已进行有效的探索。其次是要明确代表的数量，以及不同群体的代表性。最后要明确代表大会的召集、代表大会召开的条件及决议的内容。

（三）村民会议（村民代表会议）议事规则

当前村民会议形同虚设，主要原因是村民会议职责范围过泛及履职程序、议事规则不明。《村民委员会组织法》明确规定了村民会议的议事内容，"审议村民委员会的年度工作报告，评议村民委员会成员的工作；有权撤销或者变更村民委员会不适当的决定；有权撤销或者变更村民代表会议不适当的决定"，以及经村民会议讨论决定可办理"本村享受误工补贴的人员及补贴标准；从村集体经济所得收益的使用；本村公益事业的兴办和筹资筹劳方案及建设承包方案；土地承包经营方案；村集体经济项目的立项、承包方案；宅基地的使用方案；征地补偿费的使用、分配方案；以借贷、租赁或者其他方式处分村集体财产；村民会议认为应当由村民会议讨论决定的涉及村民利益的其他事项"等事项。随着经济的发展、乡村振兴，乡村的事务也将随之增加，如村庄的规划及其调整，村集体经济项目的立项、运行管理等。事实上村民会议议事内容太多反而难以实现，因此有必要对村民会议须决策讨论的事项做出原则性的界定。

当前由于大部分青壮年村民外出务工，召开村民会议的难度很大。以村民代表会议代替村民会议是唯一选择。村民代表会议是村民会议授权的议事、决策机构。村民大会的职责绝大部分由村民代表会议履行。

目前，村民代表会议的议事规则一般应按照"提出议案→民主议定（形成决议）→公布告知→组织实施（村委会组织实施）→监督管理"程序进行，从而形成村级党组织领导、村民代表会议议定、村民委员会执行、村务监督委员会监督的村级治理结构。村民代表会议的召开，分为定期召开和不定期召开。定期召开由村委会召集讨论决策日常重大事项，如审议村民委员会的年度工作报告、评议村民委员会成员的工作、审议村财务开支等。不定期召开，由村委会或村民代表（五分之一以上）召集，讨论决策其他重大事项。议案的提出一般由村委会提出，也可由村民代表提出。议案的讨论及决策，应有三分之二的代表同意，议案方可形成决议。决议形成后由村委会负责实施。

（四）村务监督制度

《村民委员会组织法》中明确规定，"村应当建立村务监督委员会或者其他形式的村务监督机构"。同时，2017年中共中央办公厅和国务院办公厅联合下发了《关于建立健全村务监督委员会的指导意见》，其中对村务监督委员会的人员组成、职责及监督范围进行明确规定。目前，绝大部分的村均成立了村务监督委员会等机构，但是村务监督委员会并未充分发挥出应有的功能。主要原因有四：一是人员素质偏低。村务监督委员会成员普遍年龄偏大、文化水平低、政策水平不高、业务不熟悉，制约着村务监督委员会的履职能力。二是监督流于形式。在部分村，村务监督委员会形同虚设，出于应付态度，监督走过场。三是不愿监督。村务监督委员会成员存在怕得罪人，不愿监督、不敢监督的情况。四是工作职责与权力不配套。村务监督委员会职责多，要真正履职到位需付出较多的精力，责权利不对等，导致委员会成员主动性、积极性不高。

完善村务监督委员会的建设，对于推进村级自治"决策、实施、监督"三位一体有重要作用。完善村监督委员会建设，重点解决责权利不对等的问题，提升委员会成员的成就感、获得感，从而吸引有能力的村民的进入。首先是要解决监督委员会成员的待遇问题。当前村委会成员的待遇问题已基本解决，并得到大家的基本认可，但是监督委员会成员的待遇在很多地方仍是空白。其次是明确监督委员会职责及行使职责的方式，以及对未行使职责的责任担当。

二、依法治理

（一）法律体系

经过几十年的发展，我国乡村治理的法律构架体系已较为完善，构建了一套由国家、地方等多层面组成的法律体系。国家层面出台的法律主要包括《宪法》《村民委员会组织法》《土地承包法》《土地管理法》《农业法》《林业法》《渔业法》《农民专业合作社法》等；省级层面，许多省围绕村集体经济培育、管理以及村民治理方面制定了一系列的地方条例，如湖南省的《农村经济组织审计办法》、河北省的《村务公开工作条例》、广东省的《农村集体经济审计条例》等，同时各地还采用出台实施办法的方式制定了一系列的地方法律规范，如广东、福建均出台了《村民委员会组织法》实施办法。

在上述法律中，《村民委员会组织法》《农村土地承包法》对村级治理最具影响力。《村民委员会组织法》是村级治理重要的法律依据。1998 年 11 月 4 日第九届全国人民代表大会常务委员会第五次会议通过，2010 年 10 月 28 日第十一届全国人民代表大会常务委员会第十七次会议修订，根据 2018 年 12 月 29 日第十三届全国人民代表大会常务委员会第七次会议《关于修改〈中华人民共和国村民委员会组织法〉〈中华人民共和国城市居民委员会组织法〉的决定》修正。本部法律，明确了村民委员会的性质、组成、地位、职责、组织机构、工作方式以及它与村民会议的关系，并确定了选举的条件、程序，规定了决策、监督的内容、程序等，为村级自治提供一个规范的框架。

土地是村级组织最重要的财富，也是农民收入的重要来源。确保土地发挥最大效益，规范好土地的处置尤为重要。《农村土地承包法》于 2002 年 8 月 29 日第九届全国人民代表大会常务委员会第二十九次会议通过。根据 2009 年 8 月 27 日第十一届全国人民代表大会常务委员会第十次会议《关于修改部分法律的决定》第一次修正。根据 2018 年 12 月 29 日第十三届全国人民代表大会常务委员会第七次会议《关于修改〈中华人民共和国农村土地承包法〉的决定》进行了第二次修正。本法对农村集体土地的所有、承包、流转及其收益的处理进行了规定，同时明确了承包、流转的具体程序。本法最重要的作用就是赋予农民长期而有保障的土地使用权，维护农村土地承包当事人的合法权益，促进农业、农村经济发展和农村社会稳定。

然而随着经济社会的快速发展，新问题、新情况不断涌现，这就需要加快法律的修订和完善，不断完善的法律体系，为治理提供坚实保障。当前，乡村治理的法律体系需要完善有如下几个方面：①如何应对集体经济产权不清的新情况。在新的历史方位下，农村居民（农村集体经济组织成员）的流动加速，城乡的统筹发展加速，与此同时农业集体经济实力不断加强，集体资产的处置、组织成员的界定、资产的管理经营变得比任何时候都重要，这就需要完善法律制度来应对相应的问题。②如何激发村民自我管理的内生动力。当前，农村居民在乡村自治中内生动力不足，如农村环境保护方面，有很多农村"屋内金碧辉煌，屋外垃圾遍地"，村内公共事务不关心；农村居民在投票选举时也存在参与度不高等问题。这均需要法律制度来完善和引导。③如何合理界定村民资格权、选举权等。当前，农村村民在集体经济中的资格权与村委会选举权不统一，导致出现责权不一致问题。

（二）法律的普及

近年来，农村的普法也取得很大成效，农村居民的法律意识已有很大提高。但是当前我国农村居民中的绝大部分均在城市打工或经营，农村只是他们偶尔小憩之所在，他们对农村的关心也仅限农村基础设施条件的改善等方面，他们关注更多的是与他们生活息息相关的法律。而乡村治理方面的法律法规相对来说专业性更强，与村民的生产生活相关性不强，加之普法宣传不够，村民大多不太了解，也不关注《村民委员会组织法》《农民专业合作社法》等法律。在现实中不仅普通的村民，就是村干部、乡镇干部也有相当部分不了解、不熟悉《村民委员会组织法》等法律。正因为村民不关注，法律的组织实施主体由村民转交给乡镇政府，这在很大程度上就是将乡村治理的权力上交给乡镇政府，从而也进一步弱化了村民自治的内生动力。因此有必要加大普法力度，特别是要针对老百姓不太了解而与自身权益密切相关的法律在农村进行广泛宣传，要将重要的条文在村宣传平台上进行宣传。要改变普法形式，采用老百姓喜闻乐见的方式进行宣传，并结合智能手机等现代网络工具进行宣传。

（三）法律的实施

从当前的情况来看，受传统文化和村民法制意识淡薄等因素影响，相关法律在乡村的实施不够到位，特别是《村民委员会组织法》的实施在很多方面还流于形式。

村委会是乡村治理的主要执行机构，由于乡村自治的职能弱化，村委会主要承担上级交付的各种任务，行政化倾向严重。大量行政性事务工作占用了村委会主要精力和时间，弱化了其作为自治组织的自治功能。村党支部与村委会职责在实际工作中较难界定。上述原因直接导致《村民委员会组织法》在实施过程中存在瑕疵。比如法律规定的一些制度未得到很好的执行，在当前绝大多行政村只召开村党支部会、村民委员会两套班子会，村民会议或村民代表会议很少召开，这一方面导制了许多属于村委会行使的职权没有得到落实，另一方面也导致了村委会未充分征求村民代表会议意见，擅自做主决策，伤害了村民参与的积极性。

由于法律实施不彻底，影响了村级自治的制度建设。村规民约的制定往往由村委会包办，程序不规范，普通村民参与不够。同时，真正吸收村民意见、反映村民意愿的制度建设尚处于起步阶段。村委会内部工作制度不够健全，村民委员会内部的议事、协调、服务等工作机制还不完善，工作效率有待提升。制度落实形式化，有些村委会落实制度流于形式，如村民会议（或村民代表会议）在很多地方流于形式，甚至有些村受场地限制多年都未召开过村民会议，即使召开村民会议也只是通报工作情况，决策缺乏民主和协商。

法律实施的力度不够，还体现在村民参与意识不强上面。村委会换届选举的参选率总体偏低，许多地方村民对投票持可有可无、事不关己的态度，存在委托代选、放弃投票的情况。

另外，合村并镇在降低行政村管理成本的同时，对依法治村特别是在《村民委员会组织法》的实施方面也产生了不利影响。主要是合村并组后人口过多，村民会议和村民代表会议召开难度增大。据了解，湖南省合村后有些行政村人口总规模达到近万人，如此大的规模要召开村民会议是不可能的，即使是召开村民代表会议，难度也不小。《村民委员会组织法》规定，村民代表会议需三分之二以上的村民代表参加，二分之一以上的与会代表表决通过。但由于村民人口过多，导致"开会人难齐，表决人难同"，一定程度上影响了该部法律的实施。

三、以德治理

道德是一种有别于成文法规或"显性制度"的"隐性制度"，既对人们的公共社会行为进行引导和约束，又对人的品行修养提出规范。多数"显性制度"具有明确的适用人群，而道德则具有普遍适用性，除去职业道德或角色道德之外，其适用范围往往包含所有人。

道德实现社会治理，主要是通过对主体行为的引导与规范，继而维护社会的稳定及有序运行。同时作为"隐性制度"，道德与其他"显性制度"的交互影响，是其参与社会秩序构建、实现社会治理功能的关键形式。正是在"隐性制度"—"显性制度"、道德—成文法规的互动中，道德影响和塑造了诸多正式制度，将作用范围拓展到制度创新、制度施行等领域，发挥了广泛、有效、独特的社会治理作用。

习近平总书记指出，中国特色社会主义法治道路的一个鲜明特点，就是坚持依法治国和以德治国相结合，强调法治和德治两手抓、两手都要硬。这既是历史经验的总结，也是对治国理政规律的深刻把握。乡村社会是熟人社会，德治在乡村治理中作用更为显著，以德治为基础，培育良好村风民风、加强和改善乡村治理。要不断弘扬新时代社会主义核心价值观，倡导文明村风、优良家风，引导村民树立正确的价值观、人生观、世界观，抵制不良传统习俗的影响；以德为先，春风化雨淳化民风，增强村民的认同感、责任感、归属感，进而推进乡村的治理。

（一）树立道德典范

树立道德典范，弘扬社会正能量，是推进德治的重要手段。早在宋代的《吕氏乡约》中提出的"德业相劝"，对有德之士及其行为进行宣传，弘扬正能量。新中国成立以来，党中央更加重视道德榜样的作用。2007年开始中央文明办在全国范围内评选全国道德模范，每两年一届。全国道德模范的评选推介，用他们的先进事迹感召群众，全社会大力弘扬社会公德、职业道德、家庭美德，营造知荣辱、树正气、促和谐的社会风尚，促进社会主义核心价值体系建设，为经济社会发展提供强有力的思想道德保障。

在乡村治理中，要更好发挥德治的作用，应树立村民身边的道德模范。以村民身边的故事为例，积极鼓励村民的善举、义行，褒奖平常善举，放大微小感动，让"日行一善，小善大德"成为村民的风尚，宣传道德模范的事迹，弘扬道德模范高尚品格，引导人们向道德模范学习，争做崇高道德的践行者、文明风尚的维护者、美好生活的创造者。乡村应以村民为主体，充分尊重民意，由村民自发选出诸如"好媳妇""好婆婆""好村民""好家庭"等，并采用适当的方式进行宣传和奖励，充分发挥榜样示范作用，弘扬传统美德，传递正能量，建立乡村和谐、文明新风尚。同时，聚焦农村结婚彩礼、丧葬礼、滥办酒席，以及赌博、垃圾乱丢等陋习，大力开展整治行动，狠刹攀比风，树立克制歪风的典型，提高婚丧从简的意识。加大对道德榜样的宣传，通过QQ群、微信群对村民进行宣传，设立广告栏、宣传橱窗、村广播等传播，扩大道德榜样的影响力。

（二）建立道德讲堂

中国传统乡村社会以自给自足的生产方式为基本特征，由此，传统村庄在其形成基础、结构特征和指向意义上体现出显著的伦理共同体特征，呈现出一种以道德评价为基础并依靠道德权威力量维持的组织结构。传统的伦理文化和道德在乡村治理中起到非常重要的作用。进入新时代，特别是改革开放以来，乡村道德的变革与进步构成了乡村道德发展的主流。然而，市场经济的发展在推进乡村社会全面进步的同时，在一定程度上使乡村评价基础从道德转向财富，"金钱成为评价的基础"，从而也导致农村"死要面子"攀比之风盛行、赌博成风；嫁女收高额彩礼；家庭暴力；父母遗弃子女不履行抚养义务；不赡养老人、争夺老人财产；大操大办、乱设酒席等不正常现象。

借助我国优良传统文化，结合现代经济社会发展需要，以树立道德模范为推手，建立乡村道德讲堂；以弘扬社会主义核心价值理念、树立正确的价值观、人生观、世界观为主要内容，重塑中国特色的乡村道德体系。建立乡村道德讲堂要充分利用村民活动中心或服务中心等平台，建立一个固定的、宽敞的宣讲场地；宣讲场地要能让村民坐得下来，安得下心。宣讲内容以倡导孝老爱亲、文明礼貌、移风易俗等为主要内容，围绕建设乡村振兴，有针对性地传播社会主义道德风尚，引导农民养成积极、健康、向上的生活方式。道德讲堂要切实结合村民的实际情况，以"身边人讲身边事，身边人讲自己事，身边事教身边人"为主要形式，邀请村内的道德模范或有名望的人士进行宣讲，形式要多样，内容要活泼，让村民能真正听进去。

第三节　村级治理机制

理顺村级治理机制，是完善村级治理体系、提升村级治理能力的重要一环。理顺村级治理机制的核心问题就是处理好"三个关系"，即村民代表会议、村民委员会与村务监督委员会之间的关系；村级党组织、村民委员会及其他组织间的关系；各组织与家族、宗族间的关系。

一、村级党组织的领导作用

（一）明确村级党组织的职责

党支部是中国共产党联系农村广大群众的桥梁，是落实党的大政方针的堡垒。按《中国共产党农村基层组织工作条例》规定，村级党组织的主要职责具体如下。①宣传和贯彻执行党的路线方针政策和党中央、上级党组织及本村党员大会（党员代表大会）的决议。②讨论和决定本村经济建设、政治建设、文化建设、社会建设、生态文明建设和党的建设以及乡村振兴中的重要问题并及时向乡镇党委报告。需由村民委员会提请村民会议、村民代表会议决定的事情或者集体经济组织决定的重要事项，经村党组织研究讨论后，由村民会议、村民代表会议或者集体经济组织依照法律和有关规定作出决定。③领导和推进村级民主选举、民主决策、民主管理、民主监督，推进农村基层协商，支持和保障村民依法开展自治活动。领导村民委员会以及村务监督委员会、村集体经济组织、群团组织和其他经济组织、社会组织，加强指导和规范，支持和保证这些组织依照国家法律法规以及各自章程履行职责。④加强村党组织自身建设，严格组织生活，对党员进行教育、管理、监督和服务。负责对要求入党的积极分子进行教育和培养，做好发展党员工作。维护和执行党的纪律。加强对村、组干部和经济组织、社会组织负责人的教育、管理和监督，培养村级后备力量。做好本村招才引智等工作。⑤组织群众、宣传群众、凝聚群众、服务群众，经常了解群众的批评和意见，维护群众正当权利和利益，加强对群众的教育引导，做好群众思想政治工作。⑥领导本村的社会治理，做好本村的社会主义精神文明建设、法治宣传教育、社会治安综合治理、生态环保、美丽村庄建设、民生保障、脱贫致富、民族宗教等工作。

（二）村级党组织的工作机制

要更好地将党的领导深入村的各个领域、各个层面，首先，必须建立健全村级党组织的工作机制。重点是建立健全村级党组织与村委会之间的工作协同机制。一是建立村委会、村民代表会议重大事项决议通报制度，凡涉及村内重大经济社会事项的决策、村庄规划调整及重点基础设施民生项目建设等应事先向村级党组织汇报，村级党组织应迅速响应，并作出回应；二是充分发挥村级党组织的组织优势，利用其在村委会、村民代表会议的党员了解村委会、村民代表会议的开展情况，对没有党员的村委会或村民代表会议可设立联系人。

实际工作中很多地方尝试村级党组织书记和村民委员会主任实行"一肩挑"的做法。实行"一肩挑"，从体制上实现了加强党的领导与完善村民自治的有机结合，强化了领导效能；从制度上促进了村"两委"的协调运转；从操作上降低了村级组织的运作成本，有利于更好地发挥以村党组织为核心的村级组织的整体功能。尽管如此，也仍存在诸多不可忽视的问题：权力相对集中，干部监督管理难度加大，为滋生腐败、滥用权力等现象的发生提供了新的条件；难以实现加强党的领导和选民意愿完美结合；负责人工作任务重，工作压力大，决策风险也随之加大。因此，村"两委"负责人"一肩挑"需要在工作实践中进一步完善相关制度。

其次，要完善村级党组织对其他组织的领导方式。对于农村的其他社团组织，组织性较差，有些组织甚至连党员都没有，村级党组织对其领导、管理的方式有限。因此，村级党组织一方面要加大党员的发展力度，通过组织体系加强对这些组织的领导，完善其管理和领导的方式；另一方面要主动与上述组织联系，建立定期的沟通联系机制，了解其困难，帮助他们解决实际问题。

最后，要加强村级党组织自身建设。加强村级党组织建设，增强其成员的综合素质是重要途径。完善村级党组织选人、用人机制，大胆选取农村优秀年轻人进入党员队伍，激活农村党组织活力；完善选人机制，切实选取一批有激情、有活力、能力较强的党员进入村级党组织，并建立合适的淘汰和退出机制。积极开展岗位交流和人员培训，各级乡镇党委应定期组织各村支部成员外出交流，扩大视野，丰富知识，并定期开展党性知识、理论政策及农业相关知识的培训。完善村级党组织工作机制，落实例会、谈心会、民主生活会等制度，并根据各村实际灵活安排各会议内容。

二、各组织间的关系

（一）村委会、村民会议及村务监督委员会

当前，我国农村大的治理体系是在村级党组织领导下，村民会议为权力决策机构、村民委员会为行政执行机构、村务监督委员会为监督机构（图 4-2）。经过多年实践检验，这种在党领导下的三权分设的自治体系是成功的，也得到了广大群众的支持。

然而，这种村级自治体系的运行机制仍有待进一步完善。首先，村民会议或村民代表会议的决策权比较薄弱，绝大多数事务由村民委员会承担。村民自治权的削弱，损害了村民治

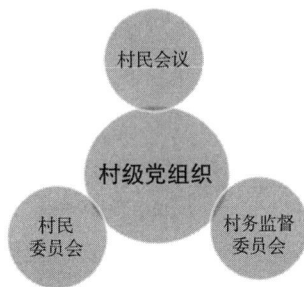

图 4-2　村级治理格局

理的积极性、主动性；其次，村务监督委员会履职能力较差，难以尽责，导致村民委员会的权力监督流于形式。完善三权分设的运行机制，关键在于强化村民会议和村务监督委员会的职责，提升两者的履职能力。

在法定的框架内，首先要完善村民代表的产生机制，明确村民代表的职责，确保村民代表作用的发挥；其次，进一步完善村民代表会议召开机制，明确定期会议的召开及会议审议的内容、会议召开的程序，并明确不定期会议召开的召集制度。当前，在村民参与村民事务的积极性不高的情况下，应尽快提升村民代表的政治待遇和村民代表在村里的声望，调动村民参选代表的积极性。可参照人大代表的做法，增加村民代表更多参政议政的权力，完善其参与村内事务管理的机制。目前，各地在村民代表产生及产生程序上进行了积极探索，如在

2020 年村换届选举中，湖南省民政厅就村民代表的产生出台了指导意见。

此外，还应完善村民委员会参与村民代表会议的方式。村民委员会是村民代表会议主要的召集者。随着村民参与意识的增强，由村民或村民代表召集的村民代表会议将会越来越多，由村民或村民代表自发召集召开会议审议的内容往往会与村民委员会的意见不完全一致，这就要求村民委员会采用适当方式参与会议，听取村民意见，帮助村民做出更为合适的决策。

（二）农村经济组织与非正式组织

当前，随着经济社会的深刻变化，其他非政府性的机构在乡村治理中的作用越来越明显。

农村经济组织：农民专业合作社、集体经济合作社等实力逐步增强，对村内经济贡献越来越大，利益诉求越来越多，在村事务中的影响力也越来越强。理顺村委会与经济组织的关系，对促进乡村经济社会发展有着非常重要的作用。要充分发挥各自的优势，促进经济组织实力的增强，促进村域经济的发展。一方面要求村委会发挥行政服务职能，帮助合作社等经济组织做好协调农户等工作，为合作社在生产、加工、服务等方面提供基础性服务，利用政策性或村内的自有资金为经济建设提供水、电、路等基础设施配套服务；另一方面要求村委会按约定向经济组织收取应得的收益，并按规定进行收益分配。

非正式组织：非正式组织在丰富农村生活、协调农村矛盾方面起着不可替代的作用。非正式组织一般与村民委员会等机构联系不够紧密，处于自由发展的状态。随着经济社会的发展，农村居民对文化生活需求越来越多，非正式组织的作用越来越重要。村支部、村委会等政府性组织应加强与相关组织的联系，可采用定期召开座谈会、平时非正式联系等形式，了解非正式组织建设发展的需要，了解其工作开展情况，动态收集相关信息，宣传相关政策，同时，力所能及地帮助他们解决运作中的难题。此外，要针对不同组织设立相应联系人以保持日常沟通。

（三）宗族及其在乡村治理中的作用

中国农民聚集而居，宗族是中国古代农村社会的基本组织单位。农村居民主要以血缘关系为纽带，以地域关系为基础，构成了他们日常的生活范围和生产关系，形成"熟人社会"或"半熟人社会"，这也是宗族力量存在的基础。由于社会环境的历史性变迁，现在宗族已不同于传统的宗族，表现出了新的特征，但其在农村经济、社会发展中仍有不容忽视的影响。随着我国基层民主工作的推进，农村宗族力量不可避免地和村民自治权的行使产生了碰撞和冲突，宗族力量在某种程度上排斥法治社会的形成，阻碍了村民自治权的行使；另外，随着现代农业的发展，农村土地流转成常态，在经济利益面前，宗族势力很可能凝聚成团，牺牲没有强大宗族势力可以依靠的小户村民的利益，甚至可能成为阻碍土地流转的主要力量。

由此可见，在乡村治理中既要加强对宗族的正确引导，以发挥其积极作用，又要通过加强基层政权建设、加强法制建设、提高村民整体素质等途径来消除宗族势力的消极影响。要发挥宗族中年轻人的影响力，以年轻人思想的开放包容，消除宗族的消极影响。

三、村级组织与上级政府部门的承接机制

当前，我国农村基层组织工作经费、农村的基础设施项目等绝大部分仍来自上级各级政府部门，且对基层工作有明确的目标、任务、程序要求，一般也会对工作进行检查监督，这无形中加大了基层的工作压力。处理好与上级各部门的关系，更加有效地完成好上级各部门交付的任务，协调上级部门与本村经济社会的发展目标，对推进村级治理和经济社会发展意义重大。

（一）承接平台与机制建立

虽然"跑部钱进"的现象已成为过去式，但是加强与部门的交流与沟通仍然非常重要。为使村庄建设得到各级部门项目、技术、政策的支持，要改变原有的工作方式，建立与各部门联系的常态机制，完善项目任务承接平台建设。

以规划引领，建立项目承接平台。村委会应根据本村的实际情况，并在相关部门的指导下，编制好村庄发展规划，规划好一批可实施的项目。同时，充分了解涉农部门的要求，与其建立常态化联系机制。村委会每年应与相关单位联系一至二次，了解各部门的工作要点、工作动态，并以项目为引领，将村域内相关事务融入部门的工作当中，以项目的形式争取部门的支持。

近年来，随着乡村振兴的推进，政府面向农村的各种考核、调查大量增加，这些任务最终落在最基层的村上，为村委会增加了很大的工作量，导致许多地方的村干部苦不堪言。因此应建立和完善乡政府与村委会之间的工作机制。一方面，乡政府要优化任务的指派，简化任务清单，将重复、可合并的任务在乡镇一级进行合并简化，减少村级的重复工作；另一方面，乡镇应建立数据平台，及时收集更新各村的数据，将常规数据由乡镇统管并上报，减轻村级工作。村级同样要建立数据资料的平台，特别是在平时注意数据和资料的收集整理，减少重复工作。

（二）村民事务办理平台

做好服务是争取村民支持的重要前提，是当前村委会重要的日常事务，也是上级各部门的要求。为更好体现为人民服务的宗旨，绝大多数村均在村部建立了村民事务综合服务平台，并完善了优化服务的机制。村民事务办理平台的主要职责是为办事群众提供各类咨询服务，解答相关法律、法规、政策；负责受理登记村民的申请，接受群众委托，到镇便民服务中心代办有关事项，实行

报送代办服务；负责有关政务、村务、服务信息公开公示工作，为村民开具相关证明材料，并提供适宜办理的其他服务事项；负责对接被便民服务中心安排到便民服务点办理的其他具体事项；受理群众信访件，开展民情代诉工作；掌握群众上访和纠纷苗头，落实信访报告和纠纷排查制度；主动上门解决群众诉求，做到民情先了解、苗头先掌握、反映先行动、化解先进行；负责做好办理事项的登记、上报和资料保存工作。据实地调查，村民事务办理平台是承担上级任务的重要平台，目前村民事务服务任务量大，事务繁杂，许多村级事务服务平台工作人员压力巨大，另外，由于多数服务平台工作人员素质不高，工作不能完全胜任，因此有必要进一步优化村级事务服务平台建设。一要适当提高事务服务平台工作人员的待遇，争取能吸引较高素质人员的加入，提高工作效率；二要进一步厘清村级与乡镇的服务职责，将部分职责上交给乡镇，降低村级的压力，同时要将村级政策宣传等事务向村组、家庭延伸，将政策宣传落到实处；三要完善数据信息分享机制，将信息及时传送到相关部门。

（三）政策宣传平台

加强农村的政策宣传是推进各项政策落实、激发农民内生动力、融洽干群关系的重要举措。尽管今天的农村网络信息很发达，但是农村的留守人员大部分是老年人，口耳相传仍然是最常见的传播方式。然而口耳相传中很容易出现误差，在政策宣传上，如果对政策的解读存在偏差，很容易导致一系列矛盾纠纷，甚至出现信访的情况。为防止不必要的矛盾纠纷，减少邻里摩擦，提高政府政策发布与解读的公信力，必须完善政策宣传平台，精准宣传。

第四节　治理方式

我国地域广阔，文化多元，经济发展程度不一，在充分尊重农民主体地位的前提下，积极探索总结特色鲜明、管用有效的乡村治理模式意义重大。这要求我们以自治、法治、德治"三治"融合为手段，借鉴各地摸索出的经验，总结可复制、可推广的模式，为各地村级治理提供基本可操作的框架。

在实践中，我国农村已摸索出许多成功有效的治理机制和模式。从已有成功的治理方式和模式中可以总结出如下经验：一是不但要将自治、法治、德治的内容有机融入治理的模式当中，而且要重视德治的基础性作用，强调法治的底线要求；二是要充分发挥党组织的组织优势和政治优势，充分动员群众、激励群众；三是要以时代为背景，注重新技术的应用。

一、党建引领

农村党组织是我国村级治理的重要力量。我党在农村中有着良好的工作经验和传统，在群众中有着较高的威信。充分利用党组织在农村的组织优势，发挥广大党员干部模范带头作用，能够有效推进乡村治理的有序运行和资源整合，有效化解乡村治理多线程并行与治理权分置之间的矛盾，解决乡村治理与社会赋权方面的难题。

（一）构建"支部＋党小组＋农户"的组织带动模式

充分利用党组织优势，建立和完善"支部＋党小组＋农户"三级带动模式，从而使党组织与群众建立直接的联系机制，通过党员与群众面对面的交流，可将党的执政理念、价值导向、行动逻辑等深层"基因"植入老百姓心中；可充分了解老百姓的需求和困难，建立问题清单；通过党组织，联系、整合各方资源，把人才凝聚起来，把群众动员起来，集中力量解决突出问题。在实践中，通过党组织来切实推进村级治理，仍需要一定条件。首先是需要有强大的支部堡垒，支部班子不仅要有能力，而且要有较强的奉献精神；其次要有一支有力的党员队伍，而且能发挥较好的表率作用。因此，要实现组织带动推进村级治理，一是严格整顿软弱涣散的基层党组织，优选配强村（社区）党组织班子，特别是要选好支部书记"领头人"，配好班子成员。充分发挥基层支部"战斗堡垒"作用，发挥支部书记"领头人"、党员干部、村民代表、村民小组长、五老一新等"先锋人"的表率引领作用。二是发展党员、教育党员，建立一支强有力的党员队伍。当前农村党员队伍年龄整体偏大，优秀年轻人的入党意愿不强烈，农村年轻人流动频繁，党员好"苗子"难选，导致农村党员队伍整体素质有待提高。各级党组织要高度重视，采取有效措施，创新工作方法，把农村的优秀分子及时吸收到党内来，将现任村"两委"干部中的优秀非党员村干部发展成党员。将农村致富能手培养成党员，特别是将那些有文化、有一技之长、能带头致富并带领群众共同致富的优秀分子发展成党员。要注重"两新"（新经济组织、新社会组织）中的党员发展工作，把领办企业的领头人、非公企业中的技术骨干和个体工商户中的优秀分子发展成党员。同时要加大农村党员的教育培训力度，特别是要重视党员政治、技能素养的培训，提升其整体素质。三是充分发挥党员的表率作用。适当开展"共产党员之家""共产党员"等挂牌行动，让党员家庭亮出身份，彰显党员荣誉，时刻提醒着党员要事事争先，带头做表率。

（二）构建"支部＋村委会＋村民小组＋农户"的治理模式

这是一种传统的治理模式。要使该传统模式在当下发挥更大的效能，则需要更好地发挥党建的引领作用，提升支部在传统模式中的核心作用。"支部＋村委会＋村民小组＋农户"模式的运作机制就是发挥党支部的领导作用，理顺村委会与村民小组之间的关系；同时发挥党员队伍作用，强化村民小组的作用，促进村民小组与农户之间建立更直接、更友善的联系机制。规范党组织领导下的村民议事协商机制，党组织定期听取村民委员会、议事会、村务监督委员会等组织的报告，建立"两委"联系党员（村民小组组长）、党员（村民小组组长）联系群众的联系机制。以支部为核心，联合村委会建立村级治理的决策、管理平台，围绕基层党建、产业发展、村庄建设、文明新风、法治调解、服务生产生活等方面开展工作，并坚持走群众路线，严格执行"两会三公开一报告"议事决策机制，通过"两委"商议、村庄群众（代表）会决议，决议结果、实施方案、办理情况向村民公开，重大事项向上级党委报告等，建立起组织、群众、纪律、法律"四位一体"监督机制，提升工作质效。以党员队伍为主体，采用组建党小组的形式，深度参与村民小组的建设与管理。村民小组组长依托党员队伍，组织群众，发动群众，收集了解本小组内的问题和困难，利用各种资源解决区域内的问题。利用村民小组的平台，加强与村委会的沟通，向上反映问题，并联合村委会的力量解决小组内不能解决的问题。

二、村规民约引导

在中国的"乡治"传统中，乡规民约占据重要地位。随着社会各界对乡村的关注和国家的引导，村规民约又开始重现乡村。实践中，许多地方的乡规民约形式大于内容，宣传大于实效，许多村规民约仅偏重倡导、宣传性内容，与村庄治理中的村务公开、民主监督等关键问题无关，导致村规民约的治理实效缺失。

当下，中国乡村发生着巨大的变化，已经完全不同于百年前的乡村。传统的儒家伦理在市场经济的冲击下已发生了巨大变化，如何使村规民约在自治、法治、德治"三治"融合中发挥应有作用，是一个值得研究和重视的问题。

（一）村规民约的制定

将乡村优良传统文化融入村规民约之中，借助乡土习俗、人情习惯，并以法律为准绳，融入新时代社会主义核心价值观、道德观，构建新型乡村道德价值伦理。因此，村规民约的制定者必须充分了解各村的文化特点，熟悉传统习俗和当地有名的家风家训，找到并总结潜藏于乡村生活的"既存的法律"，去其糟粕，植入新时代的道德观、法律观。同时要充分发挥普通村民的主动性、创造性，鼓励广大村民参与村规民约的制定，鼓励普通的村民为村规民约献计献策，确保村规民约接地气、有活力。村规民约的制定必须运用民主方式，务必征求不同群体的意见和建议。

以多样形式展现和宣传村规民约，综合考虑村规民约内容、村民文化水平和生活习惯，加大创新力度。注重使用对偶、押韵等形式，将其转化成为群众语言，充分运用戏曲、快板、歌曲等村民喜闻乐见的形式，把村规民约呈现出来，使用墙画、标语、口袋本等灵活实用的宣传载体实现对村民的"耳濡目染"。

充分发扬民主，依程序制定村规民约。围绕村规民约的内容，广泛征求村民意见，既让村民及早知晓其具体内容，又通过民主参与增加其认同度，有效解决村规民约宣传和实施脱离的难题。同时，依程序做好村规民约的审议、审核和表决等工作。

（二）村规民约的实施

要使村规民约充分发挥其乡村治理的作用，关键在于乡规民约的约束力和实施效力。村规民约没有强制性的制约手段，只能通过互相劝勉互相规诫、组织劝勉、适当赏罚等手段来约束和激励。可建立"奖惩榜"和积分制等机制，强化奖惩机制或强制约束力，建立监督机制。在具体实施过程中，可探索运用等级积分机制，对恪守本分、遵守规约的民众，以村自定的计分形式计分，在规定时间内达到相应等级积分后给予物质上的奖励；对轻微违反规约而又不自省的民众，通过公示栏或村广播予以公布，并当面教育，对严重违反规约而又不自省的民众给予其他的惩罚，以起到警示和震慑作用。同时，可根据各地实际情况，制定实施细则，明确规定村规民约适用范围、实施程序、考核办法和奖惩措施，丰富"规""约"内涵，亮明"尺子"，确保可操作性。应以支部或村委会牵头，邀请德高望重的村民组建执约小组，做好宣传监督劝解工作，提高村规民约权威性。另外，村干部要做好示范。村干部作为乡规民约的执行主体，在执行中一定要起到带头示范作用，对严重违反村规民约的干部，村党支部应启动罢免程序，加强对干部的约束。

三、新技术新手段应用

当前我国社会正处于深度变革的重要时期，新问题、新情况层出不穷，不同的区域、不同的发展水平面临不同的问题。与此同时，以信息技术为代表的新技术广泛应用，也为乡村治理创造了新的手段。应着眼基层治理体系和治理能力建设，围绕新情况、新问题，借助现代科技手段，大力创新治理新机制。

（一）网格化管理

网格化管理是社会治理的一种创新方式，它将管理区域划分为若干个网格，以网格为管理单位，利用网络信息技术，把政府的服务更加高效和优质地提供给网格里的居民。通过网格化管理推动乡村治理，不仅能够将服务的触角延伸到家家户户，提高响应群众诉求和为民服务的能力，也有助于让大家主动参与到农村公共事务中来，最终使问题得到及时、有效的解决。网格化管理实际就是借助党组织和村委会的组织平台，在空间上划分界限，在任务上明确责任，从而达到有效管治。

网格化管理在空间区域上，以村民小组为单元，根据农户的分布划定网格区；在人员组织上，村主任或村支书为总负责人，各网格区以村民小组组长或党员小组组长为一级网格员，根据辖区内的网格划分，确定有责任心的村民为二级网格员。网格员负责网格内综合治理、环境卫生、家庭矛盾、邻里纠纷、民生事务等的协调，同时收集网格内的相关信息向上级部门汇报。网格员还会定期开展政策宣传工作，在医保报销、惠农资金发放等方面解疑释惑，使群众的诉求得到及时回应和解答。总负责人则负责全区域的协调、重大事项的决策、任务的划分及对网格员的监督与考核。

网格化管理在疫情防控、社会治安、生态保护等工作开展中起到了很好的作用，但在现实中，也存在网格员难以选任或素质偏低，导致工作难以胜任，工作经费紧张，网格员积极性难以调动，网格员与村干部职责不清等一系列的问题。

为更好发挥网格管理的优势，要根据村域的特点因地制宜划定网格，平原区网格内的农户可以稍多些，山区和丘陵区可以适当少些，确保网格员管理到位。同时，要充分调动网格员的积极性，可以采用村干部兼任网格员的方式，减少经费开支。建立网格员补助及奖励机制，对管理到位、工作优秀的网格员给予适当的补助奖励，激励和争取素质较高的农村居民从事网格员的工作。村委会要完善格网员管理制度，明确网格员的职责、待遇及奖惩等机制。

（二）积分制

积分式管理是我国农村在实践中探索出来的农村治理的有效方式。当前，要提高社区、农村的自治能力，急需解决提高居民参与度的问题，积分式管理就是应对此问题的重要手段。积分式管理要落到实处，有两个关键点必须处理好，一是明确参与积极管理的主体，二是积分如何确定并得到广大农民的支持。

从实践来看，参与积分管理的主体是农村居民、家庭及村干部等。不同的主体应有不同积分管理方式，明确不同积分在不同主体之间的关系。另外，积分核定既要公平合理，又要科学便捷，这样才能使积分发挥应有的作用。各村须根据本村管理的实际情况建立积分管理制度，明确积分管理参与的主体类型，积分管理的内容，如人居环境、综合治理、家庭矛盾、尊老爱幼等，积分评定的方法及程序及积分结果的运用等。

（三）信息技术

信息化发展为乡村治理提供了新的手段。在经济较发达、村民素质较高的地区，可以借助移动互联网、大数据分析等现代信息技术，探索建立网上工作系统。当下，有相当部分的行政村利用微信、QQ建立了"村组群"，以当地村干部为群主。类似的工作管理群，虽为村干部管理提供了新的手段，政策宣传、干部与群众的互动、简单事务的处理均可以网上实现，极大地提高了工作效率，但也存在老年人、部分低收入群体不能入群的问题，进而导致在管理上存在空白。

上海宝山区运用移动互联网、大数据分析等现代信息技术，探索建立了以党建为引领、以移动互联网为载体、以村党组织为核心、以城乡居民为主体、以有效凝聚精准服务为特点的智能化治理系统"社区通"，在社区治理中创造积累了丰富的经验。一是精心设计，打造以移动互联为载体的管理系统。系统设立了爱宝山、宝山大调研、党建园地、社区公告、左邻右舍、议事厅、警民直通车、家庭医生、公共法律服务等功能板块，还针对该地区专门开设了"乡村振兴""村务公开""乡愁乡音"板块，全方位展示乡村振兴工作进展，全透明公开村内财务收支、各类票据、动迁房分配、村干部报酬等村务信息。二是依托系统平台，对村民发帖、点赞、评论等数据进行深度分析，描绘基层"社区画像"，发布不同人群、街镇、阶段的需求列表，对社区舆情苗头实时预警，准确把握村社情况。

第五节　村级权力监督机制

一、村级权力清单

作为服务的第一线，村级组织在社会发展和乡村治理中发挥着十分重要的作用。通过将村级事务小微权力"清单化""流程化"，进一步厘清村级小微权力的界限，规范村级小微权力运行，强化村级小微权力监督，营造风清气正的基层环境，是在现阶段国家乡村振兴战略背景下，对乡村治理制度化转型和国家现代化治理理念的一种回应。浙江省宁海县从 2014 年开始在全国首创推行村级小微权力清单"36 条"，以"36 条"为主抓手，坚持在实践中创新提升，不断丰富内涵、拓展外延、覆盖触角、强化配套，着力打通和深耕依法治国的"最后一公里"，使之成为建设法治乡村、撬动乡村振兴的有力支点，开全国村级权力清单制度的先河。2018 年的中央 1 号文件明确提出要"推行村级小微权力清单制度，加大基层小微权力腐败惩治力度。严厉整治惠农补贴、集体资产管理、土地征收等领域侵害农民利益的不正之风和腐败问题"，"宁海经验"正式写入中央 1 号文件。随着中央 1 号文件的出台，全国各地陆续制定和推广村级权力清单制度，将村级小微权力关进制度的笼子。

村级小微权力清单及其标准化流程的导入为村级治理提供了更加系统化的规则，力图消除权力运作的非理性因素，共同形成了乡村治理秩序。这在一定程度上可以减少村级各组织间的区隔、权力博弈和利益冲突，提高乡村治理效能。村级权力清单不仅可实现基层政府公共服务的有效延伸，更为有意义的是，村级权力清单在基层政府的行政系统与基层自治系统之间建立了有效衔接，实现了政府行政管理与基层群众自治的良性互动。当前，在乡村振兴的背景下，地方政府以项目制方式加大对农村的资源转移力度，推进乡村事业发展成为一种常态。随着项目和资金的增加，近年来村级治理中的"小官大贪"现象十分严重。村级小微权力清单制度的导入，解决了权力不当使用的问题，缩小了权力寻租的空间。

村级小微权力清单的实践路径，大致可以概括为以下几个步骤。首先，县级各部门按照规定全面梳理现有的涉农行政职权和服务事项，乡镇梳理出村民自治事项。其次，各行政职权、服务事项及村民自治事项，通过征求相关部门意见、专家论证、合法性审查等程序，确保各项权力和事项有其法律来源和事实上的合理性，并提请审议，予以确认。再次，把权力事项绘制成流程图，加以公开和实施运行。最后，建立清单管理制度和动态运行机制。在实践中，有些基层政府还探索性地构建了确保村级小微权力清单制度运行的较为完善的监督体系。

当前村级小微权力清单在各地的实践既存在共性，也存在区域性差异。比如，浙江宁海县将村级重大事项决策、项目招投标管理、资产资源处置等19条集体管理事项和村民宅基地审批、计划生育审核、困难补助申请、土地征用款分配等17条便民服务事项纳入其中，以流程图的方式展现整个权力运行的基本轨迹。安徽省淮南市则把村级小微权力分为三类：第一类是重大决策类权力，包括村经济和社会发展规划、村庄建设规划编制、村民自治、村规民约、村经济合作社章程修订等6项；第二类是日常管理类权利，包括发展党员、村承包工程招投标管理运行、财产物资管理、征地、养老保险办理等16项；第三类是便民服务类权力，包括残疾人基本生活保障申请、农村"五保"户供养对象办理等11项。三类事项共计33项，均绘制成流程图，并由县组织部门公布，予以实施。湖南桃江县将村级事项梳理为三类：重大决策类7项，日常管理类29项，便民服务类21项，共计57项。就清单内容看，一般都涵盖了各政府部门公共服务管理事项在村级层面的延伸及村民自治事项，有些基层政府公布的村级小微权力清单目录还包含了村级党务工作。就清单公布要素看，每一项权力的名称、依据、实施主体以及流程等均予以公开，有些省份对基层政府出台的村级小微权力清单还注明了该项权力运作过程中的廉政风险点及防控措施。就程序设计看，把民主管理程序融入村级小微权力清单中，形成了具有内在自洽性的制度体系。与此同时，村级小微权力清单运用的区域性差异也较为明显。在运用得好的区域，村级小微权力已形成了一整套动态化的权力清单的编制、运用、监督程序，并形成了一系列配套机制。

二、村务公开平台

村务公开是农村村务管理的重大改革，是促进村干部廉洁自律、强化农村监督机制的重要环节，尊重和保证了村民的知情权、参与权、决策权、监督权，是人民群众评判农村党风政风好坏的一个重要标志，是加强基层民主政治建设和党风廉政建设的一个基础性工作。因此，村务公开平台得到了各级党委政府的高度重视，得到广大村民的拥护。随着民主法治进程的不断推进，群众对村务信息公开的需求将更多、更高。党的十九大报告提出实施乡村振兴战略，明确要求加强农村基层基础工作，健全自治、法治、德治相结合的乡村治理体系。建设村务公开平台，要按要求保证村务公开的内容、程序、时间、形式、监管，加强对村务公开工作的监督，形成推进村务公开的合力，使村务公开平台真正成为群众监督村务、参与基层治理的重要阵地。

传统的村务公开主要采用召开会议、张榜公布、印发手册等方式。《中国共产党农村基层组织工作条例》提出规范村务公开。目前全国绝大多数的村设立了村务公开栏，建立健全村务公开制度，村务公开工作迅速发展起来。传统村务公开存在覆盖盲区、纸质信息保质期不长、公示期得不到保障、不便于群众查看等问题。随着科技的发展和信息技术的使用，村务公开方式发生了变化，村务公开由公开栏转变为村务公开平台，建设集村务公开、党务公开、财务公开、服务公开、事务公开、决策公开、资金公开、扶贫监管、群众监督、上级监管、统筹协调等于一体的村务信息公示公开平台。通过"互联网＋大数据＋村（居）公开"的方式，通过户外 LED 屏宣传栏、手机 App、触摸查询机、电脑等将主要村务告知全体村民，保证人民群众的知情权、参与权、监督权，提高基层政府的透明度。

随着信息化技术的进步，村务公开应该通过信息化手段，采用手机 App、微信公众号或户外信息查询平台的方式建立，一般应设置村情概况、党务公开、政务公开、财务公开、服务公开和其他事项等栏目。基层群众通过信息化小程序、网页端可查询掌握公示公开村务信息，了解本地最新决策，同时对公示信息进行评论反馈。基层工作人员可以利用信息化平台管理本区域居民基本信息，发布可公示公开的决策及信息，查看、回复群众的反馈意见。基层领导通过管理后台审核公示公开信息，查看群众的反馈意见和监督基层工作人员的回复信息，根据群众的合理意见作出相应的调整。区县领导通过平台建立统一高效的区县村务公开和指挥机制，通过智能大数据汇总图表直观了解民意民心，同时对基层工作起到远程监督的作用。

在采用现代信息化手段进行公示的同时，传统的公示平台仍然不能舍弃，而且要通过现代化手段加以改进。

三、民主理财

民主理财一般是指村级集体经济组织定期、定人、定目标开展清理村本级财务的一种民主管理活动。民主理财是村级民主管理的一种主要实现形式，它伴随着农村集体财务的产生而产生。民主理财能够规范村级财务行为，保证农村经济政策、经营管理制度的贯彻执行，能够维护集体和农民的经济利益不受损失，防止贪污浪费侵占集体财物等违法犯罪行为发生，能够增强农民群众民主法治意识，保障其知情权、参与权、决策权和监督权。民主理财也是我国农村自治管理的成熟做法，作用显著。但在实践中因为民主理财小组成员素质不高、责任心不强等因素影响，导致理财小组未能发挥其应有职能。为更好发挥理财小组的作用，关键是加强理财队伍的建设。首先是要依法组建理财小组。根据相关法律和规定，召开村民代表会议选举产生民主理财小组，理财小组长须由有责任心、一定财务知识的村民担任。民主理财成员一般设5~7名，推选群众威望高、有一定文化水平、熟悉财务知识、综合能力较强的村民担任，村干部家属、直系亲属不得担任民主理财小组成员。其次是加大财务知识的培训力度，提高理财人员素质。乡镇每年至少要对民主理财人员进行1~2次业务培训，正常组织理财组长参加学习、研讨、交流活动，以补充、更新、拓展业务知识，及时传达最新农村政策，及时学习近期农村财务管理制度，增强理财能力，提高业务素质和理财水平。完善理财机制，规范理财行为，要以制度的形式明确理财的内容，重点包括审查村的财务收支、盘查村财产物资、确保资产完整、审核重点项目财务情况。发现问题要提出整改意见并向村民会议或村民代表会议报告，向上一级部门反映有关财务和公开中的问题。

第五章 村级治理能力建设

村级治理能力是适用村级治理体系管理村域内各项事务的能力，包括社会管理、村域经济发展、公共产品供给等各方面事务。村级治理体系在第四章专题研究了，在这里不再讨论，本章将重点研究加强村级治理能力建设的路径和方法。

第一节 完善村级治理体系运行机制

一、建立健全乡镇政府指导服务村级治理的制度

我国继人民公社之后构建了具有中国特色社会主义的"乡政村治"的乡村治理体制，使我国乡村治理逐步实现政社分离，乡镇政府负责国家权力行使，村民委员会负责乡村社会事务，把分散的乡村整合到国家政权体系，解决了因人民公社解体导致的农村组织瘫痪状态，加强了基层政权，维护了国家权威和农村社会的稳定，符合当时中国农村政治、经济、社会发展方向，促进了经济社会的发展，巩固了我国基层民主政治建设成果。伴随着乡村市场经济和村民自治的深入发展，尤其是乡村税费改革完成后，在实际运行中国家权力与乡村自治力量缺乏制度化、规范化、程序化的运作，其局限性更加凸显，乡村自治组织完全成为乡镇政府附属或下级，"乡政"与"村治"之间发展不协调，村治的"空壳化"与"行政化"倾向严重，作用和功能无法真正发挥，农民的主体地位不明显。

村（庄）作为"乡政村治"整体格局中的一个相对独立的社会空间，其治理体系的构建和运行也具有独立性。按照"乡政村治"体制总体制度设计，村不是乡镇政府的下级机构，乡镇政府对村民自治事务只负指导和服务之责。但是，在"乡政村治"体制实际运行过程中，受传统行政思维的影响，乡镇人民政府对"村治"的指导与服务，多采取行政支配方式，将大量行政性事务交给村干部，导致广大村干部整天忙于乡镇政府安排的行政事务，制约了村级治理

体系的有效运转。加强村级治理能力建设，首先要完善"乡政村治"相关制度，特别是乡镇人民政府指导服务村级治理制度；其次要加强乡镇政府公共服务能力建设，不能仅充当"二传手"将乡村行政管理事务全部转给村干部。完善乡镇政府指导服务村级治理制度，要破除传统的行政管理思维，引入新的乡村治理理念，按照"共建、共治、共享"的原则构建适合新时代乡村经济社会发展特征的制度体系。要做好"两个梳理"，即一是要认真梳理乡镇政府依法指导的村民自治事务，并形成清单，作为研究制定制度的依据；二是要梳理乡镇政府委托村民委员会办理的行政管理事务。按照"全面依法治国"总体布局要求，将委托给村民委员会的行政管理事务分成两类，一类按法定程序和行政管理相关政策委托给村民委员会，另一类则由乡镇政府自行承担，将乡村行政管理事务分类管理。完成指导服务事项和委托办理事务梳理后，以村级治理去行政化和充分发挥村民自治主体地位作用为目标，研究制定两个方面的制度。一方面是村民自治事务的指导服务制度。根据地区文化传统和经济社会发展的水平，由县级政府就乡镇政府指导服务村民自治的内容、程序、效能评估等出台相关政策，并授权乡镇政府据乡镇具体情况制定细则，实现乡镇政府指导服务村民自治制度化、规范化、程序化。另一方面是乡镇政府委托村民委员办理行政事务的相关制度。在农村调研时，村干部普遍反映承接乡镇政府的行政管理任务太多、太重，乡镇政府一般只当"二传手"，将任务布置给村干部后，一般只负责检查督促，由于村委会承接的行政管理事务办理结果与乡镇干部的绩效评估相结合，乡镇干部常以命令的方式要求村干部限时完成，严重挫伤了村干部的工作积极性，不利于村级治理能力建设。要加强村级承接行政事务的制度建设，明确村级承接事务、承办程序、责任权限和双向互动的工作机制，实现村级承办行政事务制度化、规范化，并调动乡村两级干部工作积极性。加强乡镇政府行政管理能力和公共服务能力建设，要求乡镇政府尽可能承担乡村行政管理事务，规范乡镇政府自行承担行政管理事务的管理，减轻村级治理体系承担的自上而下的行政管理任务，以利于村级治理体系有效运转。

二、完善村级治理组织体系工作机制

村级治理组织体系包括村级党组织、村民委员会、集体经济组织、合作经济组织、驻村企业和其他各种社会组织。只有创新村级党组织领导、各村级治理组织协同治理的工作机制，村级治理能力才会不断增强。创新党建引领村级治理工作机制。积极推进"村支两委"主要负责同志交叉任职，创新村级治理党的领导体制，确保党组织在村级治理中的领导核心地位。创新基层党建工作方法，按地域分布在村级党组织下设党支部（或党小组），探索按产业链、产业或经济组织（包括企业）设立党的活动组织，实现党组织在村域范围内精准覆盖。围绕村域社会治理、村域经济发展和村民公共服务需求，抓村级党建工作，将基层党建和村级治理融为一体，增强村级党组织的引领作用。如湖南桑植县芙蓉桥白族乡合群村党支部创新党建引领工作机制，带领村民脱贫致富的成功经验就值得借鉴。该村构建"党支部＋合作社＋基地＋贫困户"的党建引领模式，将村支部下设的党员活动小组设在产业链相关环节，每个党小组或联系一个产业，或联系一个生产基地，或联系一个合作社，党群连心，走上致富路。2021 年，该村党组织被评为全国先进基层党组织。构建村民委员会与其他治理组织的协同工作机制。在 20 世纪 80 年代，"乡政村治"体制形成之初，村民委员会是村民行使自治权的唯一组织平台，村域内的村民自治事务办理的方式和路径单一。随着农村改革不断的深入，农村经济社会加速发展，农村社会结构、生产组织方式、村民对美好生活的需求等都发生了很大变化，特别是农业产业化、现代化的推进，或因产业发展需要成立合作经济组织，或因村民自治需要成立自治组织，村域内自治组织快速发展。这些组织依法设立，按照各自的章程开展活动并参与村级治理。除村民委员会外的其他自治组织虽然发展迅速，在村级治理中也发挥了重要作用，但这些组织发展时间短，而且村域之间发展也不平衡，由于村民委员会与这些自治组织之间缺乏协同治理的工作机制，其在村级治理中的作用还没有完全发挥出来。调查表明，村民委员与村域内的经济合作组织（包括企业）、群众自治组织普遍没有建立常态化的沟通协调机制，大多采取一事一议的工作方式协同开展相关工作，也存在着村民委员会与合作经济组织沟通不畅，甚至互相不配合工作的现象。村级党组织要按照村域共治共建共享原则，牵头组织村民委员会与村域内合作经济组织、群众自治组织，就社会秩序管理、村域经济发展、公共产品供给与管理等事务建立常态化沟通协调机制。本着平等、协商、共享原则，由村民委员会负责召集，定期按照约定的秩序和议题沟通协商，调动各组织参与村级治理的积极性，提高村域各组织协同治理的运转效能。

三、积极探索自治、法治、德治融合路径

2019 年，中共中央办公厅和国务院办公室联合印发《关于加强和改进乡村治理的指导意见》指出，到 2035 年，党组织领导的自治、法治、德治相结合的乡村治理体系更加完善，乡村社会治理有效、充满活力、和谐有序，乡村治理能力基本实现现代化。该意见为我国乡村治理体系和治理能力现代化既明确了建设内容，又明确了时间表。探索村级自治、法治、德治相融合的路径，是村级治理体系建设的内容，也是村级治理能力建设的重要任务。村民自治是我国基层民主政治建设的重要内容。村民委员会是群众性自治组织，其治理权源于村民。村民自治与传统的乡村自治有着很多区别，传统的乡村自治以乡贤

为主体，而村民自治则是以村民为主体，每位村民都有平等参与的权利。依法治国是新时代战略布局，乡村治理是国家治理的重要组成部分，因此法治乡村建设是乡村治理的根本任务和目标。法治的权源是国家政权，法治与传统文化相协调。德治是传统乡村治理的主要手段，以"礼俗"为规范，以教化为路径，将"礼俗"内化于心、外化于行，引导村民遵守公序良俗。新中国成立后，我国乡村社会经多次整合，乡村具有自治、法治、德治协同治理社会基础和文化基础。由于自治、法治、德治的权源不同，实施的路径也有根本区别。自治是村民依法表达个人意愿和利益诉求；法治具有强制性，并不完全代表村民意愿；德治则是"礼俗"入脑入心之后的自觉行动。要将这三种权源不同、治理路径不同的治理方式有机结合起来，需要在村级党组织领导下，组织各方力量，搭建多种形式且具多重复合功能的平台，为自治、法治、德治提供载体支持。调查发现，已有"村支两委"联合社会力量搭建"三治融合"平台，并取得了良好的效果。如湖南农道基金会设立的"乡村相见"农道小院。湖南农道基金会选择"村支两委"综合素质好，或有公益组织对接，且经济发展水平和发展模式有代表性的村设立小院。小院选址村内交通方便、居住人口集中的地点，由村集体提供场地（主要是房屋），农道基金会与村集体共同出资对场地进行改造提供作为小院活动场所。小院内设"农道书屋"，备有国学、政治法规、农业科技知识等书籍，供村民阅读，并定期开展文化讲座，讲授传统文化、政策法规、农村实用技术等。小院还与社会公益组织广泛联系，根据所驻村的需要，聚合公益资源，为村里开发特色产品、培养人才、建设公共设施等。小院在村党组织领导下，将公益力量引入农村，传承和发展文化，兴办公益事业，完善村民自治，培养村民守法自觉，引导村民遵守公序良俗，将自治、法治、德治相关功能融为一体。

第二节　创新村级治理方法与手段

在乡村治理过程中，不断探索、创新适合本地乡村治理的方法和手段，积累了一些经验，有效提升了村级治理能力。

（一）创新村级治理方式方法

积极推进村级治理方法创新，提高村级治理效能和治理能力，是实现乡村"治理有效"的重要任务。目前，我国对村级治理政策要求和制度安排都比较系统和完善，但在具体实践方面还需要不断创新方法。村民议事方法创新。目前，村级治理普遍建立了"四议两公开"的村务民主管理制度，这一制度既巩固了村级党组织在村级治理中的核心地位，又实现了村务民主决策、民主管理。但是，这一制度还存在着运行程序僵化、政策把握和满足村民需求不够精准的问题，虽然建立地方（村级），却有不接"地气"的现象。为了提高村级治理政策把握和满足村民需求的精准度，许多地方在制度运行过程中进行方式方法创新，并取得了许多成功经验。如河北无极县的"乡贤议事会"、湖南衡南县的"屋场恳谈会"，发挥乡贤政策水平高的优势，提高政策把握精准度，将议事会开到村民家门口，解决村民的具体需求。激发村民主体意识方法创新。乡村振兴的主体是村民，只有激发村民的主体意识，乡村振兴才会收到事半功倍的效果。为激发村民主体意识，一些地方将积分制引入乡村治理中，取得了良好效果，涌现出一批好做法、好经验。如湖南津市的"三色存折"、河南省济源市轵城镇的"道德积分储蓄站"、湖南省新化县油溪桥村的"小积分"、江西省新余市的"晓康驿站"等都将积分制引入了乡村治理中，取得了较好的效果。实践证明，积分制可以有针对性地解决村级治理中的重点难点问题，符合农村社会实际，具有很强的实用性、操作性，是推进村级治理体系和治理能力现代化的有益探索。村级治理中运用积分制，在村党组织领导下，通过民主程序，将村级治理各项事务转变为量化指标，其对村民日常行为进行评价形成积分，并给予相应精神鼓励或物质奖励，激发村民参与村级自治的积极性，培养村民良好的行为方式。积分制适用范围广泛，村域经济社会的方方面面都可以细化成具体积分指标，通过积分制将村级治理与发展村域经济、开展村内人居环境整治、推进基础设施建设、保护生态环境、塑造文明乡风、扶贫济困等有机结合，有助于构建共建、共治、共享的村级治理格局，有利于把纷繁复杂的村级事务标准化、具体化，让村级治理工作可量化、有抓手，将村级治理由"村里事"变成"家家事"，由"任务命令"转为"激励引导"，有助于提升村级治理的精细化、科学化、透明化和规范化水平。

（二）拓宽村级公共产品供给渠道

新时代村级治理以为村民提供优质公共服务为主要任务。村域内公共产品需求包括农村基础设施建设、医疗卫生服务、文化教育需求、养老社会保障服务等。目前，村域内公共产品供给主要依赖财政投入，村集体和其他社会力量投入较少，由于供给渠道单一，村级公共产品供给还不能满足村民的需求。拓宽村级公共产品的供给渠道，尽可能满足村民美好生活对公共产品的需求，既是村级治理的根本任务，也是村级治理能力的体现。除了争取财政支持外，可以从以下三个方面拓宽供给渠道。一是与当地有着千丝万缕联系的经济精英。从当地走出去成长起来的经济精英或者外来企业家，他们对当地有着深厚的情结，可以动员他们为村里提供力所能及的公共产品投入。二是祖籍在当地的行政机关、企事业单位的退休人员。这些人社会资源丰富、信息量大，依托他们可以广泛对接公共资源为村里服务，同时，他们自身也可以为村民提供一定的公共服务。三是社会组织，特别是公益性社会组织。这些社会组织关心农村发展，有着较强的社会资源整合能力，其志愿者往往能够深入乡村，长时间跟踪研究乡村治理，并提供相应数量的公共产品供给。这些外部力量不仅可以为村内带来相应的公共产品，而且可以促进村级"三治融合"和"三治"水平提高。

（三）提升村级治理信息化水平

近年来，中共中央办公厅、国务院办公厅印发的《数字乡村发展战略纲要》明确提出，着力发挥信息化在推进乡村治理体系和治理能力现代化中的基础支撑作用，繁荣发展乡村网络文化，构建乡村数字治理新体系。加强数字乡村建设，将信息技术运用到村级治理是提高村级治理能力的有效手段。一些地方在农村推广"互联网＋党建"，通过健全农村基层党建信息平台、加强党员干部远程教育等措施，促进基层党组织更好地发挥战斗堡垒作用。有的地方运用"移动议事厅"等网络平台，引导广大村民积极参与乡村发展的讨论，有力提高村务决策的民主性和科学性。不少村运用"村民微信群""乡村公众号"等，加大党务、村务信息公开，赢得了广大群众对村级治理的支持。依托互联网搭建便民互动的数字化监督平台，可以增强网络监督处置的及时性、主动性和透明度，可以有效促进村级权力规范运行。针对新时代村域内人流、物流频繁的具体情况，按照村内"三治融合"的路径，依托信息技术，构建促进村内村外联动，有利于村民参与乡村治理，方便村民办事，既提高了村级治理效率，又提升了对村民的服务水平。一些地方通过"互联网＋公共法律服务"助推建设法治乡村，使农民群众依法维权更加方便，农民的法治意识也明显增强。浙江桐乡市乌镇充分运用大数据、物联网等信息化科技手段，以"精确、精准、精细"为导向，充分利用技术红利，走出了一条基层智慧化治理道路，提升了村级现代化治理水平，成为全国乡村治理的典型。

【案例】 数字赋能打造乡村治理乌镇样板

浙江省桐乡市乌镇镇借助群力，通过"自治、法治、德治"三治融合体系构建多元参与的社会共治新模式，运用大数据、物联网等智慧化手段，以"精确、精准、精细"为导向，充分发挥技术红利，不断提升基层智慧治理水平，走出了一条具有乌镇特色的乡村治理之路。

在夯实基础方面，乌镇利用最新技术"北斗网格码"，构建一个底座（北斗网格数据底座），建立由数据集成、监测预警、指挥调度、分析决策和共治服务5个平台组成的"乌镇管家联动中心"，包含兴业、民生、治理、政务4个专题，整合了综合行政执法、市监、消防等多个相关部门的基础数据，实现了社会治理的"一网联动"。在现有网格划分的基础上，进一步将空间网格、数据网格和管理网格相统一，把综治、公安、应急等各部门网格整合到全属性网格体系系统中，建立"镇—村—网格—微网格—户"五级网格化架构。基于"北斗网格码"的时空大数据组织框架，实现数据、业务、管理的内在统一，网格内的人、地、物、事、组织等全要素信息承载在北斗网格中，并通过"5G＋物联网＋人工智能"等技术获取"全域、全量、实时"大数据，形成动态鲜活的数字孪生态势图，更好地为乌镇精准化、精细化治理提供支撑。

在深化融合方面，乌镇让互联网这个"最大变量"变为促进基层社会治理现代化的"最大增量"，赋能"数字乡村"建设。自治方面，以"乌镇管家"为代表的自治组织通过"乌镇民情"微信公众号的"我有民情"端口上报信息，"乌镇管家联动中心"接收后进行信息筛选，分类派送职能部门或智能终端处理，大幅提升了"乌镇管家"治理效能。在乌镇陈庄村，通过利用搭载有传感器的"白天鹅"，进行自动巡河，24小时监测所在河道的水环境并实时上传，云端一旦分析发现指标异常，就会指派就近管家立即前往现场进行处理。

法治方面，充分利用"桐解码"，打造"云上矛调"中心，在矛盾纠纷化解中采用便捷、高效、精密的"一案一码""五色管理"模式，打破时空限制，努力推动矛盾纠纷化解"最多跑一地"。如银杏社区钱某因洗手台破裂问题与房东发生退租纠纷，他通过"桐解码"上报了该问题，后台端口接收到案件后，即时生成专属"数字图形码"，同时根据事权优先、网格优先的原则，将矛盾纠纷分流直达网格，系统立刻指派就近"乌镇管家"调解员徐师傅前去调处，经过一系列谈话沟通，双方最终握手言和。德治方面，开展"微嘉园"平台积分管理，村民通过该平台反映问题、在线议事、获知最新政策等，每日登录平台、上报事件、建言献策均可获得积分，积分可以到"积分超市"换取米、油等生活用品，也可以兑换航天北斗参观、竹编体验、老人理发、志愿帮扶等社会服务。

在全域拓展方面，乌镇加快推进"点上治理"向"全域治理"转变。建立乌镇智慧养老综合信息平台，运用智能物联健康信息系统，可以实现智能家居照护、SOS跌倒呼叫与报警定位、网络医院预约挂号及网上会诊等功能。建立智慧交通引导系统，通过合理规划进出镇区运行路线，在主要道路设置停车场引导及停车位数量实时显示电子屏，落实道路标牌、标识建设。通过手机扫描二维码，进行公共自行车租赁，实现低碳便捷出行。通过手机应用实时查看所有公交车位置、线路，科学安排候车时间，方便公共交通出行。开通全球首条城市开放道路"5G自动微公交"示范线路，正式投入使用世界首辆商用的智能驾驶汽车，解决群众回家"最后一公里"的问题。建立全国首家互联网司法所、全省首家5G智慧法庭，创新推出"24小时法超市"等智慧化应用。

（来源：农民日报）

第三节　加强村级治理人才队伍建设

乡村治理人才是乡村治理体系和治理能力现代化的智力保障。改革开放以来，城镇化快速推进，大量农村年轻高素质劳动力外流，导致农村"空心化""老龄化"问题日益严重，农村各类实用人才非常缺乏，村级治理优秀人才更是严重缺乏，因此必须加强治理人才队伍建设。

一、着力提升村干部能力

我国拥有一支巨大的村级治理人才队伍，但这支队伍文化层次和年龄结构都有待进一步优化。在乡村调查时发现，大部分现任村干部对乡村治理相关知识掌握有限，政策认知水平有待提升。加强村级治理能力建设，实施村干部能力提升工程是最直接、最有效的举措。

（一）制定计划轮训村干部

提升村干部治理水平必须对现任村干部开展常态化的业务培训、党性教育。市、县和乡（镇）三级党委要分别制定村干部培训中长期计划，对村干部定期进行培训，将参与培训作为硬性规定，把参与情况纳入年终考核。通过常态化的培训，帮助村干部不断提升综合能力，满足乡村治理现代化的需要，为顺利实现乡村振兴提供强有力的人力资源支撑。县（区）委每年至少组织开展一次村党组织书记和村主任培训班，每次集中培训不少于7天；乡镇党委每年至少组织开展一次村干部培训班，每次集中培训不少于3天。以加强党的基本理论和路线方针政策培训为基础，重点学习习近平总书记关于基层社会治理重要论述精神、学习党建引领加强基层社会治理的方针政策、学习乡村治理先进经验做法和加强基层社会治理领域作风建设等。同时，要注重农业科技知识、市场经济知识、法律知识和行政管理科学培训，紧扣党建引领乡村社会治理重点改革任务和乡村治理工作需要，弘扬理论联系实际的优良作风，引导村干部在学中干、在干中学，做到学以致用，全面提升现任村干部队伍的工作能力。

村干部轮训可发挥党校（行政学院）主阵地作用，重点由市、县委两级党校（行政学院）承担。

（二）注重新任村干部岗前培训

根据我国现行的村民委员会组织法，村委会每届任期为 5 年，届满举行换届选举。每次村委会换届都会有部分村干部因年龄问题，或其他原因退出村委会，同时，有部分新同志补充到村干部队伍中来。这些新任村干部对于村级治理业务还不熟悉，必须对其进行系统的岗前培训。由市委或县委组织部门牵头，研究制定切实可行的培训方案，明确培训的目标要求以及培训的方式、时间、内容、教材等。采取自学与集中培训相结合的方式，以市委或县委规定的教材为主，培训内容包括党的基本理论、党在农村的基本政策、有关法律知识、村干部工作方法和农村实用技术等。要突出针对性，不仅要注重理论的讲解，例如党情党史、农村相关政策、病虫害防治、种植养殖技术、档案收集与整理等，更要注重实际应用，邀请相关部门管理人员或经验丰富的现任村干部讲解信访维稳、危房改造、安全生产、环境整治、招商引资等方面的事件案例，提升新任村干部的履职能力。探索建立村干部任职资格培训和持证上岗制度，培训后组织考试，考试的形式视参加培训的村干部年龄、学历等具体情况确定，培训考试合格后，发给统一的村干部任职资格证书。

（三）加强后备村干部培养

农村后备村干部培养工作肩负着为乡村治理提供内生性干部人才的政治使命，是确保乡村有效治理的人才保障，也是村级领导班子建设的"前期工程"或"基础工程"，是解决当前村干部队伍年龄老化、结构不合理、整体素质偏低的一条重要途径。

首先，拓宽选人渠道，建立科学选拔机制。选拔后备村干部要按照任人唯贤、德才兼备的原则，注重村级组织的文化结构、年龄结构、性别结构，制定切实可行的评选方案、评选标准，把政治素质好、思想观念新、发展思路清、工作能力强、作风形象好作为评选条件。按照村干部1：1、党支部书记1：2的比例建立村后备干部队伍库。鼓励村"两委"从高校毕业生、致富能手、专业大户、退伍军人、大学生村官、外出务工经商人员、村民小组长等群体中，发现和选拔优秀人才，充实到村级后备干部队伍。在选拔方式上可采取个人推荐、民主推荐、组织推荐等方式进行。在选拔过程中，乡镇党委要进行一定的监督和指导，为后备村干部的选拔提供支持，确保后备村干部推荐程序规范有序。

其次，完善培养模式，建立长效培养机制。采取结对帮带、参加专题培训以及挂职锻炼等方式加强对村后备干部培养。建立乡镇领导干部、村"两委"干部结对帮带后备干部机制。乡镇领导干部和村"两委"干部经常与后备村干部沟通交流，言传身教，让后备干部尽快熟悉村级事务、积累工作经验，提高工作能力。开展经常性的素质培训，有计划地对村后备干部进行系统全面的政治思想培训和职业技能培训，有计划地组织外出考察或参加各级部门开展的相关培训，不断提高村级后备干部的综合素质和业务能力。村"两委"从后备干部中挑选政治素质好、工作能力强、群众认可度高的人员挂职担任村党支部副书记或担任村主任助理等职务；或选送后备干部到乡镇内设机构或事业站所定期跟班学习，在实践中增长才干和本领。

二、培养村内社会工作人才

村内社会工作专业人才是村级治理的重要辅助力量，这支力量既能为本村提供社会服务，又可协助村"两委"对接村外社会力量为本村提供各项社会服务。2021年2月，中共中央办公厅、国务院办公厅印发的《关于加快推进乡村人才振兴的意见》中提出了"加强农村社会工作人才队伍建设"的要求，为乡村社会工作人才培养提供了政策支持。要对接国家和地方政府部门关于社会工作服务组织人才队伍建设计划，针对村级人才队伍建设需要，加大村本土社会服务人才培养力度。鼓励村干部、年轻党员和热心公益事业的普通村民参加社会工作职业资格评价和各类教育培训。各级政府部分通过项目奖补、税收减免等方式引导高校毕业生、退役军人、返乡入乡人员到本村提供社会服务。村内社会工作的目的在于预防和解决社会问题，增进村民的社会福利，推动村内社会发展。村"两委"要充分发挥本村社会工作人员的积极性，根据村域内社会事务管理和村民各项需求，结合村内社会工作人才队伍结构情况，为村民提供社会救济、社会福利、计划生育、农业技术推广等服务。

三、柔性引进村级治理人才

（一）选派第一书记和工作队

我国社会主义现代化建设迈入新征程，在彻底摆脱绝对贫困、全面建成小康社会后，继续巩固脱贫攻坚成果、全面实施乡村振兴战略、实现脱贫攻坚与乡村振兴有效衔接，依然需要发挥党组织的核心引领作用。向农村选派第一书记和工作队，是我国加强村级党组织建设、助力乡村振兴的成功措施。目前，乡村治理人才短缺问题一时难以解决，继续选派第一书记和工作队的需求仍然显得迫切。2021年5月，中共中央办公厅印发了《关于向重点乡村持续选派驻村第一书记和工作队的意见》，对选派的范围、选派条件和程序、主要职责任务、管理考核、组织保障提出了明确的要求，进一步规范了村第一书记和工作队的选派工作。

在选派范围上，要将乡村振兴重点帮扶县的脱贫村作为重点，对党组织软弱涣散村，按照常态化、长效化整顿建设要求，继续全覆盖选派第一书记。在选派条件上，要求是政治素质好、热爱农村工作、工作能力强、敢于担当、善于做群众工作、具有开拓创新精神、事业心和责任感强、作风扎实、不怕吃苦、甘于奉献等。遴选范围为省市县机关优秀干部、年轻干部，国有企业、事业单位优秀人员和以往因年龄原因从领导岗位上调整下来、尚未退休的干部，有农村工作经验或涉农方面专业技术特长的优先。第一书记要切实承担起建强村级党组织、推动乡村振兴、提升治理水平、为民办事服务这四项主要的职责任务。其中"提升治理水平"，重点围绕推进村级治理体系和治理能力现代化、推动自治、法治、德治相结合，加强村党组织对村各类组织和各项工作的全面领导，形成治理合力；推动规范村务运行，完善村民自治、村级议事决策、民主管理监督、民主协商等制度机制；推动化解各类矛盾问题，实行网格化管理和精细化服务，促进农村社会和谐稳定。

　　"工欲善其事，必先利其器。"要给这些啃"硬骨头"的干部强化保障，激发他们的创业热情，确保第一书记下得去、待得住、干得好，应当从"从优政治待遇、搞好经费保障、强化业务传帮带"等方面发力。从优政治待遇。干部下派期间，其在原单位身份、职务、工资及其他待遇不变，并将第一书记经历作为基层工作经历，表现优秀的在同等条件下优先提拔使用。比如，江西、四川就实行"四个优先"，即同等条件下，第一书记在晋职晋级、职称评定、评先评优、提拔使用方面优先。搞好经费保障。对选派到村的第一书记给予经费保障，让其"有钱办事"。比如，北京、内蒙古等地划拨专项驻村工作经费，帮助解决驻村干部工作资金缺乏等问题。强化业务传帮带。这就要求建立传帮带机制，开展第一书记岗前培训。派出单位要当好"娘家人""后勤部长"，定期不定期到村开展业务、技术指导。

（二）选聘大学生村官

　　选聘大学生村官是加强村级治理人才队伍建设的重要举措，同时也为公务员队伍建设和事业单位人才招聘储备人才资源。相比第一书记选派，大学生村官的选聘工作开展更早，自全面推进大学生村官选聘工作以来，村级治理工作取得了显著成效，村级治理队伍活力普遍增强。各省各地也根据当地情况出台保障大学生村官生活，支持职业发展的优惠政策。如大学生村官聘用期间，按照当地对事业单位的规定，参加相应社会保险，并办理重大疾病、人身意外伤害商业保险。对符合国家学费补偿和助学贷款代偿政策规定、聘期考核合格的大学生村官，其学费和国家助学贷款由财政补偿和代偿。在村任职2年以上，具备选调生条件和资格的，经组织推荐，可参加选调生统一招考。聘用期满、考核称职的大学生村官，经县级组织、人力资源和社会保障部门同意，可参加面向大学生村官等基层服务人员的公务员定向招录。除实行职业资格准入和专业限制的岗位之外，县（市、区）、乡镇事业单位每年在公开招聘工作人员时，要拿出一定比例定向招聘服务期满、考核称职的大学生村官。聘用期满、考核称职的大学生村官，报考研究生享受增加分数等优惠政策，同等条件下优先录取。被党政机关或企事业单位正式录用（聘用）后，在村任职工作时间可计算工龄、社会保险缴费年限。在认真落实大学生村官选聘政策的同时，要充分发挥大学生村官的优势，弥补村干部队伍的不足。大学生村官文化知识水平高，对农业农村相关政策理解能力强，而且普遍掌握了一定的信息技术，这些是他们的优势，要用其所长而补村干部之短。要鼓励大学生村官在学习村级治理经验的基础上，创新村级党建工作方法、村级治理方法，将现代信息技术应用于村级治理，探索推进村级治理体系和治理能力现代化的新模式、新方法，在提高选聘村的治理能力的同时，为全面提升村级治理水平作出贡献。

第四节　强化村级治理效能的评估

建立健全村级治理评估指标体系，是科学认识我国乡村治理状况，更好地推进乡村建设的重要前提。科学评估村级治理效能，既可有效调动村干部的工作积极性，又能及时发现乡村治理中存在的问题与不足，有利于推进村级治理体系和治理能力现代化。

一、治理效能评价主体

实行村级治理绩效评价主体多元化，需逐步形成官方评估与民间评估相结合的村级治理绩效评估制度。①发挥县乡政府部门牵头作用。县乡政府部门应在广泛听取意见的基础上，制定村级治理效能评估方案并指导落实。②交由村民和村内其他社会组织按照既定的评价方案和指标，对村级治理效能给出评估结论。③邀请中介机构和专家指导评估。在组织村级治理效能评估时，请中介机构和专家给予指导，确保评价结果精准科学。在充分发挥村民评估主导作用的同时，提升外部评价主体的地位，构建一个村民广泛、有效、有序参与的效能评价体系。

二、治理效能评价指标内容

村级治理效能评价的指标设计内容应该囊括村域的经济、政治、文化、社会、生态建设等方面，以达到科学、全面评价的目的。

（一）经济发展

村域经济发展是评价村级治理成效的关键因子。要坚持以改善村内生产、生活条件，提高村民生活质量，促使乡村整体面貌改观为目的，围绕村域经济增长、农业现代化、惠民增收三个维度设计指标。"村域经济增长"是注重考虑绿色经济发展、民营企业发展和第三产业的发展指标。"农业现代化"要考虑农业科技推广、农业机械化水平、农业规模化经营和特色优势农业等指标。"惠民增收"要注重考虑对各项扶农帮农、补贴政策的落实及村民实际可支配性收入高低、差距等。对村级治理效能评价，尽量淡化经济发展权重，更加突出社会治理和公共服务职能。

（二）民主政治建设

乡村民主政治建设类指标，主要反映的是以村民自治和村级直选为代表的基层直接民主，以新社会组织为代表的组织性参与民主，并以农民的实际参与度、满意度和新社会组织成长环境来检验农村基层民主政治建设的实际水平。考虑到基层民主政治建设是农村社会治理的重要内容之一，在整个乡村治理效能评价指标体系中的权重应占 1/3 左右。

（三）社会安全与秩序

乡村社会的安全、有序，是乡村经济、社会可持续发展的基本前提。维护好社会安定和谐，是乡村基层党组织、行政组织和自治组织的基本职责。农村基层社会治理主体只有维护好基层社会公共秩序，才能真正实现对农村社会的有效治理。社会安全指标包括安全生产、食品药品安全、住房安全、道路安全、校舍安全等内容。农村社会秩序与社会和谐指标包括村民上访率、干群关系紧张度、矛盾纠纷处理、群体事件处理、邻里关系、农村犯罪率、村民安全感等内容。社会安全与秩序权重应占 15%左右。

（四）公共服务类

公共服务就是提供公共产品和服务，包括加强城乡公共设施建设，发展社会就业、社会保障服务，以及教育、科技、文化、卫生、体育等公共事业，发布公共信息等，为社会公众生活和参与社会经济、政治、文化活动提供保障和创造条件。农村公共服务主要包括基础设施、公共卫生、社会保障、教育文化等方面。基础设施涵盖了水、路、电、气、通信网络、体育健身设施的建设与维护；农村公共卫生主要针对农村医疗卫生，包括新农合、医疗救助、妇幼保健等方面；社会保障主要包括基本养老保险、最低生活保障、生活救助以及创业、就业援助等项目；教育文化主要考虑义务教育落实以及农村职业教育与技术培训的开展情况，主要测评村民在"乡风文明"建设中的实际参与度，以及文化站、文化室的利用率等。在整个治理效能评价指标体系中的权重应为40%左右，以凸显公共服务的重要性。

三、治理效能评价方法

较常用的绩效评估方法有主成分分析法、综合因子加权分析法、对比分析法、成本效益分析法、人工神经网络模型、非期望产出模型（SBM）、结构模型和模糊综合评估法等。

针对上述内容的指标设计可采用简单分类评分法，对评价体系的各个指标进行量化处理。总分值为 100 分，经济发展类占 15 分，基层民主政治类占 30 分，社会安全与秩序类占 15 分，公共服务类占 40 分。包括以下步骤。

（一）数据收集

数据收集主要包括"乡村治理效能评价问卷"的设计与回收、收集相关资料、与相关利益主体进行深度访谈。该过程是评价工作的关键，建议委托给专业的第三方实施，如高校相关院系、农村治理研究机构等。在问卷、访谈过程中所收集的数据主要分为两类：一是主观信息，如民众的满意度、民众对某一评价对象的知晓度或认可度，主观信息可通过问卷、访谈获得；二是客观信息，如基础设施建设、社会保障覆盖率等，可采用查阅资料法、观察法、实地调查法获得（表 5-1）。

表 5-1　评价信息数据收集

类　别	评价对象	可能性数据来源	评价主体
农村经济发展	经济增长	政府统计数据、实地调查	县政府相关部门、乡镇、村
	农业现代化	政府统计数据、实地调查	县政府相关部门、经济组织、农户
	惠民增收	政府统计数据、问卷调查、深度访谈	相关部门、乡镇、村委会、村民
基层民主政治建设	乡政民主	政府统计资料、问卷调查、深度访谈	乡镇班子成员、村两委、村民
	村民自治	政府问卷调查、深度访谈	村两委成员、社会组织、村民
	新社会组织建设	政府统计数据、问卷调查、深度访谈	村民议事会、监事会等
社会安全与秩序	社会安全	政府统计数据、问卷调查	相关部门、镇村组织、村民
	社会秩序与社会和谐	政府统计数据、问卷调查	相关部门、派出所、信访局、村"两委"、村民代表

（续）

类　别	评价对象	可能性数据来源	评价主体
农村 公共服务	基础设施	政府统计数据、问卷调查	相关部门、镇村组织、村民代表
	公共卫生	政府统计数据、问卷调查	卫生局、镇村组织、医院、村民
	社会保障	政府统计数据、问卷调查	民政部门、镇村组织、村民
	教育文化	政府统计数据、问卷调查、深度访谈	相关部门、镇村组织、村民

（二）数据分析

运用统计分析，即运用现代应用统计分析方法分析问卷收集的数据，既包括客观数据，又包括一些主观数据。通过数据分析的结果，按五级评分法对各项具体指标进行分级评分。1 分指标的具体打分区间为：0～0.4 分为差、0.5～0.6 分为较差、0.7～<0.8 分为中等、0.8～<0.9 分为较好、0.9～1.0 分为优秀；2 分指标具体打分区间为：0～0.5 分为差、0.6～0.9 分为较差、1.0～1.3 分为中等、1.4～1.7 分为良好、1.8～2.0 分为优。评分原则应始终遵循"项目建设与实施的优劣与分值高低成正比"。

四、评价结果运用

有效运用绩效评估结果，将绩效评估结果作为编制绩效预算、绩效奖惩和选拔任用的依据。

农村社会治理效能评价指标总分为 100 分。90～100 分为优、85～89 分为良好、80～84 分为中等、75～79 分为较差、74 分及以下为差。总分为优，则说明农村社会治理产生了较高的整体效能，并可将其作为农村治理模范或是典型予以宣传；总分为良好，表明农村治理效能较好，但需在个别项目对象上稍做改进，以达到整体效能发挥最优；总分为中等则是农村治理效果较为一般，需引起相关农村治理主体注意，采取相应对策予以改进；总分为较差则对农村治理主体形成警示，需及时进行治理创新，否则农村治理将深陷困境；总分为差，说明农村治理水平严重滞后，相关治理主体合法性受到挑战，需引起上级有关部门高度重视，应启动问责程序，调整乡村治理的相关负责人。

▶▶▶

湖南省祁阳市茅竹镇三家村公共服务事项及村级治理体系

一、三家村基本情况

湖南省祁阳市茅竹镇三家村由原肖家村、尹家村、向家村合并而成，全村23个村民小组，656户2 489人，村域面积12平方公里，其中稻田2 300亩，旱地1 060亩，山地1.1万亩。近年来，该村以"党建＋生态文明"为抓手，突出"现代农业＋美丽乡村＋产业扶贫＋休闲旅游＋退耕还湿＋河长制"六位一体集聚发展思路，打造生产、生活、生态"三生同步"先行区，一二三产业"三产融合"示范区，农业文化旅游"三位一体"样板区，形成了"水岸田园、雅致新村"的田园综合体。该村先后被评为湖南省文明村、省级同心美丽乡村、全国民主法治示范村、全国乡村旅游重点村。

二、三家村公共服务事项

（一）公共服务事项清单（表1）

表1　公共服务事项清单

序号	事项名称	原行使（审批）层级	现行使（审批）层级	事项类型	业务指导实施部门	办理方式
1	人民调解服务	省级、市级、县级、镇级、村级	村级	公共服务	人力资源和社会保障部门	直办
2	社会保险费缴纳	省级、市级、县级、镇级、村级	村级	公共服务	人力资源和社会保障部门	直办
3	社会保障卡申领	省级、市级、县级、镇级、村级	村级	公共服务	人力资源和社会保障部门	直办
4	社会保障卡启用	省级、市级、县级、镇级、村级	村级	公共服务	人力资源和社会保障部门	直办
5	社会保障卡应用状态查询	省级、市级、县级、镇级、村级	村级	公共服务	人力资源和社会保障部门	直办
6	社会保障卡信息变更	省级、市级、县级、镇级、村级	村级	公共服务	人力资源和社会保障部门	直办

（续）

序号	事项名称	原行使（审批）层级	现行使（审批）层级	事项类型	业务指导实施部门	办理方式
7	社会保障卡密码修改与重置	省级、市级、县级、镇级、村级	村级	公共服务	人力资源和社会保障部门	直办
8	社会保障卡挂失与解挂	省级、市级、县级、镇级、村级	村级	公共服务	人力资源和社会保障部门	直办
9	社会保障卡补领、换领、换发	省级、市级、县级、镇级、村级	村级	公共服务	人力资源和社会保障部门	直办
10	社会保障卡注销	省级、市级、县级、镇级、村级	村级	公共服务	人力资源和社会保障部门	直办
11	就业政策法规咨询	省级、市级、县级、镇级、村级	村级	公共服务	人力资源和社会保障部门	直办
12	职业介绍	省级、市级、县级、镇级、村级	村级	公共服务	人力资源和社会保障部门	直办
13	职业指导	省级、市级、县级、镇级、村级	村级	公共服务	人力资源和社会保障部门	直办
14	公共就业服务专项活动	省级、市级、县级、镇级、村级	村级	公共服务	人力资源和社会保障部门	直办
15	失业登记	省级、市级、县级、镇级、村级	村级	公共服务	人力资源和社会保障部门	直办
16	就业登记	省级、市级、县级、镇级、村级	村级	公共服务	人力资源和社会保障部门	直办
17	《就业创业证》申领	省级、市级、县级、镇级、村级	村级	公共服务	人力资源和社会保障部门	直办
18	创业担保贷款申请	省级、市级、县级、镇级、村级	村级	公共服务	人力资源和社会保障部门	直办
19	就业困难人员认定	省级、市级、县级、镇级、村级	村级	公共服务	人力资源和社会保障部门	直办
20	职业技能签订补贴申领	省级、市级、县级、镇级、村级	村级	公共服务	人力资源和社会保障部门	直办
21	提供政审（考察）服务	省级、市级、县级、镇级、村级	村级	公共服务	人力资源和社会保障部门	直办
22	劳动人事争议调解申请	省级、市级、县级、镇级、村级	村级	公共服务	人力资源和社会保障部门	直办
23	劳动人事争议仲裁申请	县级、镇级、村级	村级	公共服务	人力资源和社会保障部门	直办
24	医疗保险参保信息变更登记	县级、镇级、村级	村级	公共服务	医疗保健部门	直办
25	基本医疗保险参保登记	省级、市级、县级、镇级、村级	村级	公共服务	医疗保健部门	直办

（续）

序号	事项名称	原行使（审批）层级	现行使（审批）层级	事项类型	业务指导实施部门	办理方式
26	高龄补贴的审核、管理和给付	镇级	村级	行政给付	卫生健康部门	代办
27	对困难残疾人生活补贴和重度残疾人护理补贴对象进行初审	镇级	村级	行政给付	民政部门	代办
28	老年人福利补贴	市级、县级	村级	行政给付	民政部门	代办
29	特困人员认定、救助供养金给付	县级	村级	行政给付	民政部门	代办
30	流动人口婚育证明	镇级	村级	行政确认	卫生健康部门	代办
31	村民申请法律援助经济困难证明	镇级	村级	行政确认	司法部门	代办
32	基本医疗保险参保登记、缴费续保	镇级	村级	其他行政	税务部门	代办
33	城乡最低生活保障对象初审	镇级	村级	其他行政	民政部门	代办
34	开便利店	市级、县级	村级	一事一议	市场监督部门	代办
35	开水果店	市级、县级	村级	一事一议	市场监督部门	代办
36	开小餐馆（50平方米以下）	市级、县级	村级	一事一议	市场监督部门	代办
37	办理乡村医生执业注册	县级	村级	一事一议	卫生健康部门	代办
38	生育服务登记（办理生育服务证）	镇级	村级	公共服务	卫生健康部门	代办
39	基本养老保险领取待遇资格认证	市级、县级、镇级、村级	村级	公共服务	人力资源和社会保障部门	代办
40	水费缴纳	市级、县级、镇级、村级	村级	公共服务	自来水公司	代办
41	电费缴纳	市级、县级、镇级、村级	村级	公共服务	供电公司	代办
42	有线（无线）电视安装与维护	市级、县级、镇级、村级	村级	公共服务	有线（无线）网络公司	代办
43	有线（无线）电视收视缴费	市级、县级、镇级、村级	村级	公共服务	有线（无线）网络公司	代办

（续）

序号	事项名称	原行使（审批）层级	现行使（审批）层级	事项类型	业务指导实施部门	办理方式
44	小额存取款服务	市级、县级、镇级、村级	村级	公共服务	商业银行	代办
45	保险办理服务	市级、县级、镇级、村级	村级	公共服务	保险公司	代办

（二）公共服务事项限时办结制度

公共服务事项限时办结制度主要包括以下几点。

（1）符合法律法规和有关规定以及手续齐全的，在规定或承诺的时限内办结。

（2）根据职责要求、科学、合理地确定所承办事项的办理时限。

（3）对即办事项，服务对象手续完备、材料齐全、符合规定的，即时予以办理，不得以任何借口拖延或刁难。

（4）对即时办结的事项，应即时对服务对象申报的材料和有关手续进行审核，并出具受理通知单，写明所收材料名称、份数、办结取件时间及经办人。

三、三家村村级治理体系

（一）村级治理组织体系

1. 村党组织。三家村设党总支部，按自然村设三个党支部，分别为肖家支部、尹家支部和向家支部，每个支部设党小组2个。村党总支部设委员5名，其中总支部书记1人、副书记1人、组织委员1名、宣传委员1人、委员1人。村总支部委员和党内职务按组织程序产生，三个党支部的书记由总支委员担任，党小组长由支部书记指定。

2. 村民委员会。三家村村民委员会设村委会委员3名，其中村委员会主任1人和由村党总支部书记一肩担；村民生委员1人和村妇联会主席1人，由村党总支宣传委员兼任。村委会委员和村主任由全体村民直选产生，其中村妇联主席按机关法定程序任免。

3. 村内社会组织。村内社会组织由村民议事会、村民道德评议会、红白理事会和禁毒禁赌会组成。

（1）村民议事会。①村民议事会职责由村民代表会议授权，向全体村民负责。向村民代表会议报告工作，接受村民会议、村民代表会议、村务监督委员会的监督。村民小组户主代表会议对村民小组会议负责、接受村民监督。②讨论决定村民代表会议授权的涉及全体村民利益的重大问题。③定期听取村委会的工作报告，提出意见和建议。④广泛听取和收集群众意见和建议，及时向村党总支部、村委会反映村民的意愿和要求。⑤支持村务监督委员会依法管理村集体所有土地、林地、水利设施和其他公共财产，监督村集体财务的收支使用情况。⑥支持村民委员会维护生产、生活秩序和搞好本村日常事务管理工作。⑦支持村民委员会调解民事纠纷，协调和解决本村村民之间的利益矛盾和问题，促进村民之间的和睦相处。⑧大力提倡移风易俗，喜事新办，丧事简办，反对铺张浪费，破除封建迷信，推动精神文明建设。

（2）村民道德评议会。①负责在全村贯彻落实《公民道德建设实施纲要》和《村规民约》。②坚持"弘扬正气、明辨是非、明礼诚信、构建和谐"的工作方针和"公平、公正、公道"的工作原则，引导群众树立正确的价值观、道德观和是非观，营造良好的村风民风。③客观公正、积极主动解决家庭、邻里、干群之间的各类矛盾纠纷。④组织开展"身边好人""好媳妇好公婆""文明家庭""环境卫生文明户"等评议活动，对本村内的不良言行，运用群众舆论和正义呼声进行疏导和遏制。⑤及时了解村民思想动态，评议村民道德行为，并向村党支部提出加强村民思想道德建设的意见、建议。人员组成：村民道德评议会由群众公推的老干部、老党员、老模范担任会长，或由村党支部书记或村委会主任任会长，按照"为人正直、办事公道、威信较高、说理能力强"的要求，由群众推荐、村党支部和村委会审查确定评议会成员。村民道德评议会由6～10人组成。

（3）红白理事会。①积极向村民宣传党的方针、政策，引导群众移风易俗，耐心做好群众思想工作。②主动热情的为婚丧事服务，提倡喜事新办，丧事简办。③理事会实行会负责制，对本村红白喜事进行全程监督。④不定期召开会议，总结经验，提高服务质量。人员组成：由村民代表会议推进组织协调能力强、带头倡导红白喜事新办简办、热心公益、威望高、有影响力的老干部、老教师、老战士、老党员和老模范组成的理事会由3～5人组成，设会长1人。

（4）禁毒禁赌会。①积极向村民宣传国家有关法律法规和禁毒知识，提升全民禁毒禁赌意识，营造人人禁毒禁赌、人人拒毒拒赌的社会氛围，树立文明村风。②了解掌握本村吸毒人员、赌博人员底数，对吸毒、赌博人员进行帮教，并将情况报告当地派出所。③组织发动禁毒禁赌宣传活动，鼓励群众同涉毒、赌博违法犯罪行为作斗争，积极向公安机关检举揭发参与赌博、吸毒的人和事。人员组成：禁毒禁赌会成员由支村两委干部、党员、组长、驻村辅警和懂法律、有威望的村民代表组成。主任由村党支部书记担任，为本村禁毒禁赌工作第一责任人。

4. 村域经济组织。村域经济组织分为三家村股份合作社和德辉种养专业合作社。

（1）三家村股份合作社。该合作社为村集体经济组织，本村户籍人口均为股东，注册资本2 619.33万元。经营范围为集体资产经营与管理，集体资源开发与利用，农业生产发展与服务，财务管理与分配。

（2）德辉种养专业合作社。该合作社由永州市泰禾农林开发有限责任公司和流转了三家村6 000亩土地的永州德辉现代农业开发有限公司，以及部分承包土地流转出去了的三家村村民共同发起设立。以服务成员、谋求全体成员的共同利益为宗旨。成员入社自愿、退社自由、地位平等、民主管理，实行自主经营、自负盈亏、利益共享、风险共担，盈余主要按照成员与本社的交易量（额）比例返还。主要业务范围为苗木、花卉、果蔬种植和销售，牲畜、水产养殖和销售；组织采购、供应成员所需生产资料；引进新技术、新品种，开展技术培训、交流和咨询服务。

（二）三家村村规民约

三家村村规民约具体规定。

为了推进我村民主法治建设、乡风文明建设，提升村民文明素养，维护社会稳定，树立良好的民风村风，促进经济发展，创建和谐、美丽、幸福的社会环境，根据《村民委员会组织法》和社会治安综合治理的有关精神，经村民代表讨论、村委会批准制定本村规民约。

1. 每个村民要自觉爱党、爱国、爱家，传播正能量，弘扬真善美。自觉树立社会主义核心价值观，提升人生境界。

2. 每个村民都要学法、知法、守法，自觉维护法律尊严，自觉履行各项义务，做模范道德村民。

3. 不搞宗族和宗派活动，维护社会大局稳定，确保一方平安，树立良好社会风尚，反对黄、赌、毒等一切丑恶现象。

4. 提倡社会主义精神文明，倡导移风易俗，反对封建迷信及其他不文明行为，提倡喜事新办，丧事俭办，破除陈规旧俗，反对铺张浪费、反对大操大办、厚葬薄养、人情攀比等陈规陋习。

5. 邻里之间要互助互爱、和睦相处；家庭成员之间要互敬互爱、尊老爱幼、孝敬父母，建立良好的婆媳关系、妯娌关系；村民之间不打架斗殴，不酗酒闹事，严禁侮辱、诽谤他人，严禁造谣惑众、拨弄是非。

6. 弘扬正气，打击歪风，大胆检举揭发违法犯罪现象，积极同一切违法犯罪行为作斗争，确保全村风清气正。

7. 爱护公共财产，不得损坏水利、道路交通、供电、通信、生产等公共设施，发现违规人和事，要积极制止并及时向村委会报告。

8. 在全村开展"一拆二改三种四清洁"行动，认真做好美丽家园、美丽庭园评比工作，让全体村民形成一个爱清洁、讲卫生的新风尚。

9. 认真落实计划生育政策，执行计划生育条例，提倡优生优育，提高生育质量和人口素质。

10. 大力开展健康有益的群众性活动，积极倡导健康生活方式理念，强化"我锻炼、我健康、我幸福"的意识，全面提升居民健康素养和健康水平。

（三）三家村村务决策制度

1. 村民议事制度。村民议事会是村民代表会议授权的常设议事机构。受村民代表会议委托，行使村级自治事务议事权、决策权，讨论决定村级事务，监督村民委员会工作。村民议事会在村党总支部领导下开展工作。村民议事会向村民代表会议负责并报告工作，接受村民代表会议和村民的监督。

村民议事会经村民代表会议授权，可以讨论决定以下村务：①村发展规划和年度工作计划的制定。②村级日常自治事务。③村组建设规划、住宅地的规划；生育证发放对象、低保户的确定，政府下拨和社会捐赠的救灾、救济、扶贫、助残等物款的分配、发放。④村公益事业建设承包、经费筹集、组织实施与管理。⑤村务的内容和方式。⑥其他事关村民切身利益和全村经济发展稳定的事项。

2. 村民议事六步法。村民议事六步法的步骤如下。

（1）议题收集：村党总支部面向全村进行议题征集。

（2）议题审查：召开村党总支部、村委会和村务监督委员会联席会议对议题进行审查，确定提交村民议事会议的议题。

（3）议题讨论：村党总支部书记主持召开村民议事会议，就议题进行逐项讨论，议事会成员逐一发言。

（4）议题表决：对讨论的议题进行修改完善后，提交村民代表会议表决，表决结果进行公示。

（5）议题执行：村委会落实村民议事会议的事项，并将执行结果公开。

（6）议题监督：村务监督委员会每两个月召开一次会议，对村民议事会议事项落实情况进行全程监督。

（四）三家村村务监督制度

1. 村务监督委员会工作职责。村务监督委员会独立行使监督权，对村民代表会议负责并报告工作，不从事具体的村务工作。其主要职责是。

（1）决策决议执行情况监督。监督村"两委"贯彻执行党的路线、方针、政策以及村民代表会议决议情况，但不得干预村级组织依法决定事项的执行。

（2）村务、党务公开监督。凡是上级规定和农民群众要求公开的村务、党务事项，村"两委"应当全面、真实、及时公开。村务监督委员会要认真审查公开的内容、时间和程序，如公开情况不能满足村民要求，应督促村"两委"及时重新公布。

（3）财务管理监督。负责对村级集体财务活动进行民主监督，参与制定村级集体财务计划和各项财务管理制度，督促村委会严格执行各项制度。

（4）资产资源管理监督。督促村委会完善集体资产、资源管理制度，建立村级集体资产、资源台账。督促村委会在集体资产承包、租赁、出让和集体资源开发利用时引入市场竞争机制，实行公开竞价和招标投标，并参与重要经济合同的签订，确保村集体资产保值增值和集体资源有效合理利用。

（5）重大事项监督。对涉及村民切身利益的村级重大事项实行"一事一监督"，重点监督村"两委"在决策前是否广泛征求广大村民的意见，是否按照"四议两公开"的程序研究决定，实施过程是否顺利、实施结果群众是否认可。如发现村"两委"有决策不民主、运行不规范等问题，督促其及时纠正。

（6）人事安排监督。对村级配套组织负责人、集体资产运营机构负责人以及村"两委"自聘人员的人选进行监督审查，向村"两委"提出意见或建议；对换届选举时的村"两委"成员初步人选进行监督审查，向镇党委提出意见或建议。

（7）村干部效能作风监督。监督村"两委"及其成员的工作效能和作风建设情况，必要时提出意见、建议或批评，要求其接受质询或评议；根据多数村民或村民代表的意见，对不称职的村干部提出处理或罢免建议，提请村党组织研究，依纪依法启动处理或罢免程序。

（8）其他方面职责。收集村内社情民意，及时向村"两委"反映村民的意见和建议；积极支持和配合村"两委"的工作，协助做好村民的思想政治工作和信访稳定工作；认真完成由村民代表会议授权的其他事项。

2. 村务监督制度。村务监督委员会是村级民主监督组织，向村民代表会议负责并报告工作，在镇纪委的指导和村党支部领导下，依法依规对村级事务实施监督。对村级重大决策、村务公开；村集体"三资"管理、村干部廉洁履职情况以及村民代表会议授权的其他事项进行监督；支持和配合村党支部和村民委员会正确履行职责，积极建献策，帮助做好村民的思想政治工作，协调处理矛盾纠纷，促进村级工作健康开展。

（五）三家村网格化管理制度

1. 村网格便民服务中心职责如下。

（1）对村内网格管理员进行日常管理和监督考核。

（2）在驻村民警的配合指导下，审核、录入、上报村内各类信息。

（3）对网格管理员报告的社会事件进行处置，协助网格管理员录入相关数据。

（4）在镇网格管理中心指导下，组织村内管理员开展日常性社会服务管理工作；组织村民和驻村企业或单位，开展对网格管理员民主评议工作。

（5）指导村内网格管理员建立各类工作台账，建立网格管理员实绩档案。

（6）承担村内民政救助、劳动就业、医疗保障、人口计生等便民服务事项的办理，实行"一口受理"式服务。

（7）根据群众需求，开展法律法规、社会保障、市场信息、劳动就业、医疗保障等方面的咨询服务。

（8）协助村委会办理村民的公共事务和公益事业。

（9）完成镇综治办网格管理机构及村"两委"组织安排的其他工作任务。

2. 网格管理员主要职责如下。

（1）全面采集和录入人口、房屋、事件等各类基础信息，根据指令，及时核查相关工作和信息。

（2）及时排查上报矛盾纠纷、不安定因素等各类动态信息。

（3）开展法制和治安防范宣传。

（4）服务帮助空巢老人、孤寡老人、残疾人、留守妇女儿童等特殊群体。

（5）协助村委会及相关部门救治、管控肇事肇祸精神病人，协助公安、司法行政部门对服刑在教人员、刑满释放人员、村内矫正人员等进行帮教和管控。

（6）为群众代办相关部门延伸到村内的基本公共服务事项。

（7）协助村委会开展其他社会服务管理工作。

（8）组织协调网格内服务管理资源和力量，对网格内一般事务进行处理，参与和配合网格内的重大问题处理。

（9）完成网格便民服务中心交办的其他工作任务。

3. 网格管理便民服务流程图。社会事务服务流程如图 1 所示。

（六）三家村文化活动与环境卫生管理机制

1. 村文化活动室管理制度如下。

（1）文化活动室由村委会指定专人负责日常管理，其职责主要是按规定时间开关门，保持室内清洁卫生，维护、维修活动器材设备。

（2）文化活动室的开放时间为：工作日 18:00—21:00，节假日全天开放，活动人员必须遵守开放时间，不得随意要求提前或延迟，特殊情况另行安排。

（3）文化活动室是供村民读书、学习、休闲娱乐的场所，禁止大声喧哗、吵闹。

（4）注意公共卫生，室内禁止吸烟、随地吐痰、乱扔杂物。

（5）按照规定使用相关设备，爱护公物，如有损坏，按原价赔偿。

（6）严禁播放反动、暴力、色情内容，严禁赌博或变相赌博。

（7）保证文化活动室正常开放运行，积极开展文化阵地活动，热情周到接待群众。

（8）举办各类展览、讲座，普及科学文化知识，传递经济信息，为村民求知致富、促进经济建设服务。

社会事务

医疗救助申请	残疾人证申请	老年证申请	农村"五保"申请	困难救灾救济申请	最低生活保障申请
填写申请表 申请条件：已参加城乡居民医疗保险 申请材料：有医办规定的报销材料	**个人提出申请** 申请条件：经县级以上医院鉴定符合残疾人条件 申请材料：本人申请免冠2寸彩照2张	**个人申请** 申请条件：本人户籍在本村内，年龄60周岁以上的老人 申请材料：本人身份证	**个人申请** 申请条件：无劳动能力且无法定抚养义务人、无生活来源的老人、残疾人、未成年人 申请材料：个人申请	**个人提出申请** 申请条件：因受洪灾台风等自然灾害或基本生活难以保障的受灾户，重点是无自救力的重灾户、特困户、五保户等 申请材料：个人申请，村委会审查证明	**个人向民政所提出申请** 申请条件：凡本村村民家庭年人均收入低于最低生活保障标准的家庭 申请材料：户主申请
	填写申请表		村委会评议同意并公告	村委会审查	镇社会事务办审核公示
	村委会审核		镇审核	镇社会事务办审核	镇社会事务办审核
	镇残联审核		县民政局审批	报县民政局审批	县民政局评审
	县级人民医院鉴定		签订供养协议		县民政局审批
	县残联审核发证		发放五保供养证		

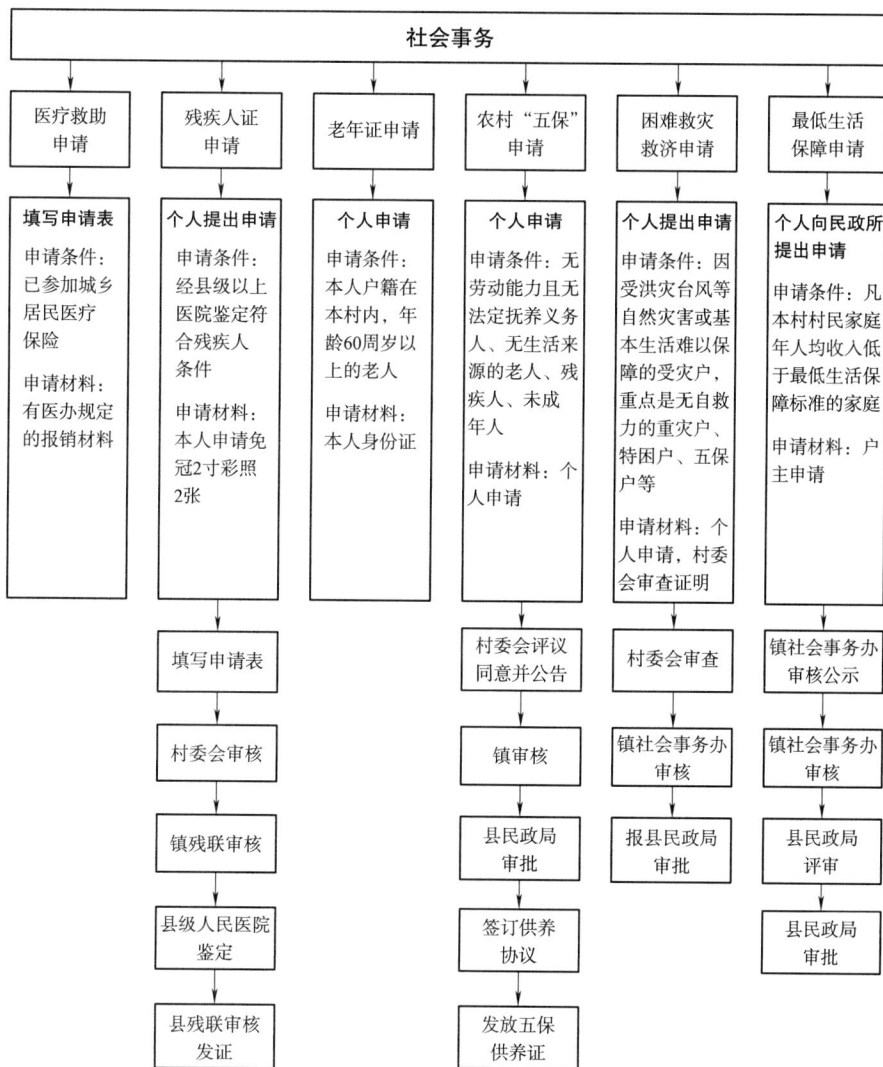

图1 社会事务服务流程

（9）根据村民的需求，组织开展丰富多彩的、群众喜闻乐见的文体活动，辅导和培训群众文艺骨干。

（10）协助镇文化站开展流动文化服务，保证公共文化资源进村入户。

（11）搞好镇文化站信息资源共享，开展数字文化信息服务。

2. 村文化活动设备管理制度如下。

（1）文化活动室配备的桌椅、灯光、音箱、投影仪、移动播放器、乐器等文化娱乐器材都须登记造册，确定专人管理。

（2）室内所有公共财物的使用管理，实行管理员负责制，损坏遗失照价赔偿。

（3）所有设备如需外借，使用者须如实填写登记册，说明外借用途和归还时间，不得用于商业活动，如有损坏、遗失的由使用者按原价赔偿。

（4）音箱、投影仪、移动播放器等设备要按照技术规程操作，不得随意拆卸，出现故障时应由专业人员进行维修，确保财产安全和正常使用。

3. 村美丽庭院量化评分标准如表2所示。

表2　美丽庭院量化评分标准

考评对象：　　组　　年　　月

考评内容	考评细则	检查得分	备注
生活垃圾（20分）	庭院发现1处零星垃圾扣1分，建筑垃1处扣1分，生产生活废弃物1处扣1分，1处成堆垃圾扣3分		
垃圾分类（15分）	无垃圾桶扣5分，有垃圾桶架未摆放扣3分，未按要求垃圾分类，每发现1个扣1分，扣完为止		
乱搭乱建（15分）	发现乱搭1处扣3分，发现乱建1处扣3分		
乱堆乱放（15分）	发现1处乱堆扣3分，1处乱放扣3分		
塘沟污水（10分）	庭院发现污水横流1处扣2分，厕所脏臭1处扣2分，沟渠脏臭1处扣2分		
绿化美化（10分）	庭院中盆栽摆放无序扣3分，发现枯枝枯叶1处扣3分		
制度落实（15分）	未落实"庭院三包"制度扣5分，未参与"好婆媳评"活动扣5分		
总　　分			

4. 村保洁员聘用合同。 村保洁员聘用合同如下。

聘用方：三家村村民委员会（以下简称甲方）

受聘方：　　　　　　　　　（以下简称乙方）

联系电话：

为做好我村环境污染治理工作，达到清洁家园、清洁田园、清洁水园的目标，确保本村公路沿线及村内环境卫生整洁干净，经甲乙双方协商，甲方聘用乙方为保洁员，甲乙双方达成如下协议：

（1）清扫保洁范围

村办公区域（办公大楼、大厅及办公大楼前后空地、球场、舞台、休闲健身场地）。

（2）聘用时间：　　年　　月　　日至　　年　　月　　日。

（3）清扫保洁工作要求及考核方式。

①乙方必须每天对工作区域进行清扫保洁。保持环境卫生整洁干净。要求办公大楼可视范围内无积存垃圾、无暴露垃圾，工作区域内无卫生死角，对空地上的果皮纸屑及落叶必须清扫干净。发现有不符合要求的（有零散垃圾）扣30元/次，有成堆成片垃圾扣50元/次。

②乙方对清扫的垃圾必须倒入指定的垃圾桶内，发现有不符合要求的扣30元/次。

③乙方在工作时，要穿好环卫工作服，必须注意安全，一切安全责任由乙方自负。

④乙方应积极主动向群众宣传环境卫生常识，发现乱丢乱倒垃圾的行为要及时制止。

⑤遇到临时性检查或节假日需加班的，应服从安排加班，确保区域内环境卫生整洁干净。对不服从安排的，扣30元/次，或者甲方有权终止合同。

⑥因乙方工作不力，导致本村在当月检查排名进入全镇最后三名的，扣发当月50%的工资；或当月基本没有进行清扫保洁的，扣发当月全部工资。

（4）工资及拨付方式

保洁员工资为1 000元/月/人，实际发放金额按照上述"清扫保洁工作要求"进行考核发放。既没受奖也没有被处罚的（卫生状况中等的）即发放全额工资1 000元/人/月。每月考核，年底汇总按考核结果一次性发放。

（5）本合同一式两份，签订之日起生效，不得涂改！

甲方（签章）：

乙方（签章）：

年　　　月　　　日

（七）镇派出所联村民警和村辅警工作制度

1. 派出所联村民警工作职责如下。

（1）负责村辅警工作站日常管理和每月工作考核。

（2）负责村辅警工作站业务指导和业务知识培训。

（3）负责组织及参与辅义警巡逻防控、开展村民工作、掌握社情民意、管理实有人口、维护治安秩序、纠纷调解、信息采集更新、安全检查等工作。

（4）负责组织村民对村辅警开展评议工作。

（5）协调村支"两委"与工作站关系。

（6）了解、熟悉村内基本情况，及时掌握社情动态，及时掌握村辅警工作站各项工作开展情况。

（7）及时掌握村辅警工作站辅警思想状况，有针对性开展思想政治工作。

（8）发现、收集村警务工作在工作考核和人员管理等方面的问题，及时提出意见和建议。

2. 村辅警工作职责。村辅警应在镇派出所和联村民警的指挥和监督下履行以下工作职责。

（1）协助预防、制止违法犯罪活动。

（2）协助开展治安巡逻、治安检查、视频巡查、消防救援。

（3）协助盘查、堵控、监控、看管违法犯罪嫌疑人。

（4）协助维护案（事）件现场秩序、保护案（事）件现场和抢救伤员。

（5）协助疏导交通、劝阻和纠正交通违法行为。

（6）协助开展矛盾纠纷排查化解。

（7）协助开展重点人员管控。

（8）协助开展安全防范、交通安全、禁止"黄赌毒"等法制宣传教育。

（9）协助收集、上报情报信息和线索。

（10）协助采集村内各项警务基础信息（含"一标三实"），完成公安机关交办的其他非执法性工作。

3. 村辅警管理制度如下。

（1）遵守法纪，认真履职，服从安排，听从指挥，及时完成工作任务。

（2）工作时间按规定着装，警容严整，接待村民积极、热情、文明、规范，坚决杜绝"冷、硬、横、推"现象。

（3）依法依规履行工作职责，切实为村民提供快捷服务。

（4）严禁单独或者以个人名义从事执法活动，严禁向村民"索、拿、卡、要"。

（5）严禁参与打牌赌博等违法犯罪活动。

（6）严禁在工作时间和办公场所饮酒、开展娱乐活动。

（7）严格考勤登记，每天如实填写本人的出勤情况、工作日志和去向；同时每天向联村民警报告当日工作情况。

（8）通信工具必须保持24小时畅通，接到指令后必须按时赶到指定地点，贻误战机者从严处理。

4. 村辅警工作目标和服务承诺如下。

工作目标：治安秩序好；安全防范好；服务群众好；警民关系好；法制宣传好；基础工作好。

服务承诺：

（1）积极维护治安秩序，调解治安纠纷，参与和邻里守望维稳工作，协助案件办理；

（2）开展安全防范工作，组织开展巡逻防控和里守望等群防群治活动，会同村"两委"开展安全生产检查和监督，督促落实人防、技防、物防措施，积极参与平安村创建活动；

（3）及时掌握社情民意，收集上报涉及稳定、治安、安全等动态信息，分析报告本村社情动态；

（4）开展服务群众工作，接受村民报警求助和咨询，听取村民意见，帮助办理公安类相关业务，尽力为村民排忧解难，定期向村民报告工作；

（5）管理实有人口，熟悉本村实有人口、实有房屋、实有单位情况，掌握本村实有人口流动新动向，及时采集"三实"信息，掌握本村列管人员现实表现，协助村"两委"做好帮教工作；

（6）积极开展法制宣传，通过上门走访、组织座谈会、发放宣传资料、制作宣传栏、发布警情通报等形式，开展扫黄、禁赌禁毒、安全生产、防诈骗防盗抢和公安窗口业务及有关法律法规宣传，提高群众安全防范能力和法制意识。

（八）信访及法律援助制度

1. 信访矛盾排查制度。为定期排查和研究分析村民来信来访中的各种不稳定的因素，超前防患，妥善处理，避免村民集体上访和越级上访的发生，制定信访问题排查制度，如下。

（1）年初排查。每年年初，村内要进行分析排查，充分考虑可能造成信访的各种因素，对可能发生的信访事项进行预测，并提前制定措施，积极开展工作，消除隐患，维护稳定大局。

（2）重大节日和重大事件期间进行排查和调处。重大节日和重大事件前夕，村内要进行调查分析，确定重点信访问题并采取预防措施，把矛盾化解在激化或升级之前，对所排查出的问题进行分类，领导包案，分工负责，责任到人。

（3）预测排查出的信访问题或线索要逐件落实包案领导、责任人以及结案息访时限、落实调查进度和处理结果。

2. 信访代理制度如下。

（1）信访人员反映问题存在特殊困难的，可委托村干部或驻村办点工作人员代办。

（2）村干部或驻村办点工作人员主要为行动不便的村民，集体上访、涉及人数较多的共性问题事项提供代理服务。

（3）村干部或驻村办点工作人员提供代理服务要与信访人签订委托代理书，明确代理事项和双方权利义务。

（4）村干部或驻村办点工作人员提供代理服务后，要深入了解代理事项具体情况，研究解决方案，及时将信访人提出的问题，向有关部门反映，主动沟通协调，并将处理结果及时答复信访人。

3. 法律援助工作点工作职责如下。

（1）参加县法律援助中心召集的有关会议。

（2）及时报送本工作点的工作动态、典型案例和先进事迹。

（3）定期向县法律援助中心报送统计表。

（4）向县法律援助中心报送法律援助申请审批材料。

（5）完成县法律援助中心布置的其他工作。

4. 法律援助工作点工作制度如下。

（1）接待制度。

①对来访人员要态度热情，文明礼貌，服务周到。

②申请人应认真询问，仔细审查申请材料和案件证据材料。

③对提供材料不全的申请人，应详细解释，让其补办所缺材料；对证据不力，确无胜诉可能的申请人，要晓之以理，动之以情，耐心细致地做好工作。

④听取咨询要认真，解答问题要圆满，运用法律要准确。

（2）登记制度。

①建立咨询来访登记本，对来访咨询者一律进行登记。

②接待人员要认真做好接待登记。

③接待人员要做到一事一记。

④登记主要内容包括：来访人员的身份状况、申请援助的主要内容、是否符合法律援助条件和处理情况。

⑤在接待中遇有重大紧急事项，要详细记录，并逐级向上汇报。

⑥接待人员在登记时，对当事人的隐私要保密。

（3）档案管理制度。

①形成的工作内容记录要及时整理归档。

②对登记申请法律援助的申请人情况要妥善保存并及时归档。

③对承办的法律援助业务形成的有关材料要按档案管理要求立卷归档。

参考文献

REFERENCES

[1] 王社教. 论历史乡村地理学研究 [J]. 陕西师范大学学报（哲学社会科学版），2006，35（4）.

[2] 王声跃，王奕. 乡村地理学 [M]. 云南：云南大学出版社，2015.

[3] 同春芳. 农村社会学 [M]. 北京：知识产权出版社，2010.

[4] 张晓丽，赵阳，杨林. 社会学 [M]. 北京：航空工业出版社，2015.

[5] 张禧，毛平，赵晓霞. 乡村振兴战略背景下的农村社会发展研究 [M]. 四川：西南交通大学出版社，2018.

[6] 俞可平. 治理与善治 [M]. 北京：社会科学文献出版社，2000.

[7] 陈广胜. 走向善治 [M]. 浙江：浙江大学出版社，2007.

[8] 郭正林. 乡村治理及其制度绩效评估：学理性案例分析 [J]. 华中师范大学学报，2004，24.

[9] 贺雪峰. 乡村治理研究的三大主题 [J]. 社会科学战线，2005（1）.

[10] 党国英. 我国乡村治理改革回顾与展望 [J]. 社会科学战线，2008，12.

[11] 陈家岗. 基层治理 [M]. 北京：中央编译出版社，2015.

[12] 葛全胜，朱会义. 两千年来中国自然与人文地理环境变迁及启示 [J]. 地理学报，2021，76（1）.

[13] 王合群，李国林. 近代中国城市化进程中的自然生态环境问题探析 [J]. 河南社会科学，2003，11（2）.

[14] 杜焱强. 农村环境治理 70 年：历史演变、转换逻辑与未来走向 [J]. 中国农业大学学报（社会科学版），2019（5）.

[15] 马有才. 中国农村家庭变迁 [J]. 调研世界，1993（3）.

[16] 刘雪华，田玉麒. 农村宗族势力的时代变迁对村民自治的影响 [J]. 行政与法，2010（8）.

[17] 王智洋. 中国语境下乡村公共文化领域的变迁与重构 [J]. 民族艺术研究，2020（2）.

[18] 纪程. "国家政权建设"与中国乡村政治变迁 [J]. 深圳大学学报（人文社会科学版），2006，23（1）.

[19] 王凌云，褚玉清. 论中国古代户籍管理制度的历史作用 [J]. 辽宁警专学报，2020，1.

［20］姚秀兰．中国近代户籍变革探析［J］．华东政法学院学报，2004，4．

［21］赵永文，赵宗文．中国近代赋税制度变迁研究［J］．现代妇女（理论版），2014，12．

［22］毛家琼，何丽鹃．浅析建国以来我国农村税费政策的几次重大调整［J］．技术与市场，2006，10．

［23］叶文辉．农村公共产品供给制度变迁的分析［J］．中国经济史研究，2005，3．

［24］朱宇．中国乡域治理结构：回顾与前瞻［M］．黑龙江：黑龙江人民出版社，2006．

［25］［美］费正清．中国：传统与变迁［M］．张沛，译．北京：世界知识出版社，2002．

［26］章有义．海关报告中的近代中国农业生产力状况［J］．中国农业史，1991，2．

［27］徐秀丽．中国近代乡村自治法规选编［M］．中华书局，2004．

［28］郑启东．转型期的华北农村社会［M］．上海：上海书店出版社，2004．

［29］薛银桥．旧中国的农村经济［M］．北京：中国农业出版社，1980．

［30］吴毅．村治变迁中的权威与秩序［M］．北京：中国社会科学出版社，2002．

［31］张静．基层政权：乡村制度诸问题［M］．浙江：浙江人民出版社，2000．

［32］关海庭．20世纪中国政治发展史论［M］．北京：北京大学出版社，2002．

［33］程同顺，等．新时代大国治理［M］．湖北：湖北教育出版社，2018．

［34］张英洪，等．善治乡村：乡村治理现代化研究［M］．北京：中国农业出版社，2019．

［35］丁卫．复杂社会的简约治理：关中毛王村调查［M］．山东：山东人民出版社，2009．

［36］王康．社会学词典［M］．山东：山东人民出版社，1988．

［37］荀子．荀子［M］．方勇，李波，译注．北京：中华书局，2011．

［38］刘俭，黄松柏，刘玥冰．我国农村国有资产管理探索［J］．辽宁师专学报（社会科学版），2006（6）．

［39］许兵．政府在社会福利事业中的职能［J］．新东方，2017（11）．

［40］邵晓琰．关于完善农村税收征管工作的思考［J］．农村经济与科技，2009，20（3）．

［41］应秀良．农村集体经济收益分配规则研究：兼论社员资格的取得与丧失［J］．人民司法，2016（10）．

［42］陈暹秋．土地补偿费在农村集体组织内部分配及使用的思考与建议［J］．南方农村，2006（6）．

［43］高红玫．我国村级财务管理的问题及优化路径［J］．武汉冶金管理干部学院学报，2020，30（3）．

［44］张志英．"乡政村治"的兴起、现状与发展趋势［J］．农村经济，2003（6）．

［45］唐鸣，张昆．论农村村级组织负责人党政"一肩挑"［J］．当代世界社会主义问题，2015（1）．

［46］梁永成，陈柏峰．农村后备干部培养体系的转型与重塑［J］．思想战线，2020（5）．

［47］胥芝韵．基层农技人员定向培养模式的研究［J］．经贸人才，2021（4）．

［48］郑伟．定向培养基层农业农村人才的实践与探索［J］．江苏农村经济，2017（3）．

［49］史云贵，孙宇辰．我国农村社会治理效能评价指标体系的构建与运行论析［J］．公共管理与政策评论，2016，5（1）．